Was bekennt, wer heute das Credo spricht?

Reiner Anselm
Franz-Josef Nocke (Hrsg.)

Was bekennt, wer heute das Credo spricht?

Verlag Friedrich Pustet Regensburg

Themen der Katholischen Akademie in Bayern

Die Deutsche Bibliothek – CIP-Einheitsaufnahme

Ein Titeldatensatz für diese Publikation ist bei
Der Deutschen Bibliothek erhältlich

ISBN 3-7917-1713-8

Umschlaggestaltung: Treitner Kreation & Kommunikation, München
Gesamtherstellung: Friedrich Pustet, Regensburg
Printed in Germany 2000

Inhalt

Zur Einführung

»Verstehst du auch, was du da liest?« »Wie kann ich das, wenn mich nicht jemand anleitet?« – in dieser kleinen Szene aus der Apostelgeschichte des Lukas, im Dialog zwischen Philippus und dem Kämmerer aus Äthiopien, bündeln sich wie in einer Miniatur die beiden Elemente, die gemeinsam ein Charakteristikum des christlichen Glaubens ausmachen: Der Bezug auf eine gemeinsame Textgrundlage *und* das Wissen darum, dass diese Grundlage immer wieder neuer Auslegung bedarf. Die Geschichte des Christentums ist darum, beginnend mit der Schriftauslegung Jesu, immer auch die Geschichte der Auslegung seiner grundlegenden Texte.

In diesem Prozess von Weitergabe und Deutung kommt dem Credo eine besondere Rolle zu. Zu denken gibt schon, dass fast gleichzeitig zwei zwar ähnliche, aber doch verschiedene Credo-Texte entstanden: das kürzere, aus der Taufliturgie erwachsene »Apostolische Glaubensbekenntnis« und das ausführlichere, die theologischen Konzilsdiskussionen von Nizäa (325) und Konstantinopel (381) verarbeitende »Große Glaubensbekenntnis«. Beide Texte entstanden als interpretierende Kurzform des biblischen Zeugnisses und wurden ihrerseits zu gleichermaßen traditionsprägenden wie auslegungsbedürftigen Größen.

In der Folgezeit fungierten sie als Grundgerüst für nahezu alle theologischen Entwürfe und erweisen sich dabei, von einem einzigen Wörtchen (dem im Mittelalter in das Große Glaubensbekenntnis eingefügten »filioque«) einmal abgesehen, als wahrhaft ökumenische Dokumente, die alle großen christlichen Kirchen verbinden. Die beiden gemeinsame Struktur, die Unterteilung in drei Artikel, prägte die christliche Frömmigkeit und die Theologie. Andererseits aber sahen sich spätere Generationen immer wieder vor der Aufgabe, einzelne Sätze auszulegen. Außerdem ergaben sich wichtige Einsichten, die in Nizäa und Konstantinopel nicht formuliert worden waren. So bekam die Formel »Jesus Christus, wahrer Gott«, später, auf dem Konzil von Chalcedon (451), ein Gegengewicht in den Worten »wahrhaft Gott *und wahrhaft Mensch*«. Wie lässt sich nun eine solch dialektische Formel heute verstehen? Was bedeutet uns »Ich glaube an Gott, den Schöpfer?« Wovon sprechen wir eigentlich, wenn wir sagen »Ich glaube an den Heiligen Geist?« Fragen, auf die zu allen Zeiten immer wieder neue Antworten gefunden werden müssen.

Der evangelische Theologe Paul Tillich hat darum der Theologie in seinem vor fast fünfzig Jahren erstmalig erschienenen Hauptwerk ins Stammbuch geschrieben, ein theologisches System habe zwei grundsätzliche Bedürfnisse zu befriedigen: »Es muss die Wahrheit der christlichen Botschaft aussprechen, und es muss die Wahrheit für jede Generation neu deuten. Theologie steht in der Spannung zwischen zwei Polen: der ewigen Wahrheit ihres Fundamentes und der Zeitsituation, in der diese Wahrheit aufgenommen werden soll.«[1] Die nachfolgenden Beiträge stellen sich dieser Herausforderung. Sie gehen auf Vorträge zurück, die im vergangenen Jahr bei einer gemeinsamen Tagung der Katholischen Akademie in Bayern und der Evangelischen Akademie Tutzing zum Thema »Warum christlich glauben und wozu?« und auf der Jahrestagung der Katholischen Landesarbeitsgemeinschaft für Erwachsenenbildung in Bayern gehalten wurden. Für den Druck wurden die einzelnen Manuskripte nur geringfügig überarbeitet; man mag darum den veröffentlichten Texten an einigen Stellen noch anmerken, dass sie ursprünglich für die Rede konzipiert waren.

Bei ihrem Bemühen, die Brücke zwischen der schriftlich geformten, überlieferten Gestalt des Glaubens und den Problemen der jeweiligen Gegenwart zu schlagen, orientieren sich die Autoren an den drei Artikeln des Glaubensbekenntnisses. In ihrer Vielgestaltigkeit und Unterschiedlichkeit legen sie darin Zeugnis von der Fähigkeit des christlichen Glaubens ab, in ganz unterschiedlicher Weise auf die jeweilige Zeitsituation einzugehen. Da damit notwendig auch eine Pluralität der Auslegungsformen einhergeht, fehlt es auch heute nicht an Stimmen, die in dieser Uneindeutigkeit des christlichen Zeugnisses eine Schwäche des Christentums sehen möchten und auf eine möglichst klare und autoritative Formulierung des christlichen Glaubenszeugnisses dringen. Der Blick auf die Geschichte des christlichen Glaubens lässt jedoch auch eine andere Sichtweise dieser Pluralität zu: Das Christentum konnte sich in den Umbrüchen der abendländischen Geschichte vor allem deshalb behaupten und eine besondere Anziehungskraft entwickeln, weil es sich als anschlussfähig erwies für die sich stets verändernden Lebensumstände der Menschen. Dabei entspricht es sowohl der Geschichtlichkeit des Glaubens wie der Zuwendung Gottes zu jedem einzelnen Menschen, eben *nicht* bei der bloßen Tradierung starrer Aussagen stehen zu bleiben, sondern sich um eine Interpretation zu bemühen, die sich der jeweiligen Gegebenheiten annimmt, ohne dabei ihre eigene Identität zu verlieren. Und: Im Bewusstsein, immer nur *Auslegung* der Beziehung Gottes zu den Menschen zu sein, kommt auch die Überzeugung zum Ausdruck, dass alle menschlichen Versuche, von Gott zu sprechen, immer nur eine uneigentliche Rede darstellen. Dieses Wissen um die Beschränktheit menschlichen Redens von Gott kann davor schützen, dem anderen die eigene Sichtweise aufnötigen zu wollen. Es eröffnet vielmehr Möglichkeiten zum Dialog mit Andersdenkenden, indem es die eigene Sicht relativiert. Beides zusammen gehört zur Überlieferung christlichen Glaubens:

das Wissen um einen solchen Abstand zwischen Schöpfer und Geschöpf, dass jede Aussage über Gott situativ bedingt und grundsätzlich defizitär ist,

und das Vertrauen darauf, dass es dennoch Worte gibt, die nicht bloße menschliche Projektion, sondern Zeugnisse einer wirklichen Glaubensbeziehung artikulieren, die sich der Zuwendung des Schöpfers in Jesus Christus zu seinen Geschöpfen verdanken.

Franz-Josef Nocke verdeutlicht diese Grundeinsichten in seiner Interpretation der ersten Worte des Apostolikums: »Ich glaube an Gott, den Vater, den Schöpfer.« Im Anschluss an Karl Rahner weist er darauf hin, dass wie alle Großbegriffe der christlichen Glaubenstradition auch die Worte »Gott«, »Vater« und »Schöpfer« immer wieder neu in ihrer Bedeutung aktualisiert werden müssen und dass es sich dabei stets nur um Bekenntnisaussagen, nicht um objektivierende Beschreibungen handeln kann. Wer von Gott redet, muss darum unablässig um die rechten Worte ringen, immer wieder neu ansetzen und sich korrigieren lassen. Die Begriffe

»Schöpfer« und »Vater« stellen zwei bedeutsame Versuche dar, solche Bekenntnisaussagen zu formulieren. Wer Gott den Schöpfer nennt, der bekennt, dass von Gott alles herkommt, am Leben erhalten und schließlich vollendet wird. Der Begriff »Vater« nimmt Elemente dieses Bekenntnisses auf und korrigiert sie zugleich: Wenn *»Schöpfer«* und *»Vater«* in einem Atemzug genannt werden, dann soll dies, in Einklang mit dem biblischen Zeugnis, verdeutlichen, dass Gott keineswegs der souveräne, unanfechtbare Patriarch ist, sondern der, der sich auf seine Schöpfung einlässt, sich als der liebende an sie hingibt und mit ihr bis zur Erlösung mitleidet.

Nicht nur die Rede von Gott, nicht nur die Gottesnamen, sondern auch das Sprechen von der *Schöpfung* selbst bedarf, wie *Siegfried Wiedenhofer* ausführt, einer aktualisierenden Interpretation. Vor dem Hintergrund der Entwicklungen der Moderne, die die Welt »entzaubert«, sie nicht mehr nur als gottgegeben hinnimmt, sondern als bewusst vom Menschen gestaltet versteht, möchte Wiedenhofer das Weltverständnis des christlichen Glaubens neu zur Geltung bringen. Dies sieht er in der dialektischen Vermittlung zwischen Transzendenz und Immanenz gegeben, in dem Wissen darum, dass das Göttliche zwar allein inmitten und vermittels der Welt und der Geschichte erfahren werden kann, dass diese Welterfahrung aber selbst nie das Göttliche selbst darstellt. Den Erfahrungsbezug und zugleich die Deutekraft dieses Weltverständnisses für die individuelle Lebensführung verdeutlicht für Wiedenhofer nicht mehr die Analogie zu einer ständischen Ordnung, sondern der Blick auf die Ausbildung eigener Identität im Rahmen familiärer Sozialisation: Geglückte Identitätsentwicklung setzt ebenso eine Dialektik von Freiheit und Bindung voraus. Nur wenn die Eltern dem Kind einen verlässlichen Ordnungsrahmen und zugleich eigene Freiräume bereit stellen, kann die Identitätsentwicklung glücken.

Auch *Reiner Anselm* versucht, die traditionelle Aussage, Jesus Christus sei zugleich wahrer Mensch und wahrer Gott, vom Erfahrungsbezug des einzelnen Gläubigen her zu interpretieren. Die Zuwendung zur Religion, so seine These, erfolgt stets in dem Interesse, die eigene Begrenztheit aufgehoben zu wissen in einer

Wirklichkeit, die die individuellen Grenzerfahrungen, das Wissen um die Schranken eigener Handlungs- und Vorstellungsfähigkeiten überschreitet. In der dogmatischen Aussage, in Jesus Christus sei Gott Mensch geworden, kommt eine solche Vermittlung von Endlichem und Unendlichem in einer einzelnen Person exemplarisch zum Ausdruck; zugleich stellt damit die Person Jesu Christi den Deuterahmen dar, mit dem die individuelle Existenz der Christen interpretiert werden kann. Sich zum christlichen Glauben zu bekennen, bedeutet in dieser Perspektive, die besondere Würde des Einzelnen anzuerkennen. Dieser Respekt vor der einzelnen Person, vor der Menschwerdung Gottes in einem individuellen Menschen geht zudem mit der Einsicht einher, dass der heilschaffende Glaube immer nur der Glaube des einzelnen Menschen sein kann. Die Botschaft des Evangeliums ist darum stets der Auslegung, der Deutung für eine konkrete Situation bedürftig.

Dem Gedanken der Erlösung widmet *Albert Keller* besondere Aufmerksamkeit. Er bestimmt die Erlösung weder als Heraufführung einer besseren Welt, noch als die Heranbildung eines besseren Menschen. Auch die traditionelle, von der mittelalterlichen Theologie ausgebildete Vorstellung, bei der Erlösung handele es sich um eine Wiedergutmachung der Beleidigung Gottes, die ihm die Menschen durch ihr sündhaftes Handeln zugefügt hätten, greift für Keller zu kurz. Stattdessen versteht er Erlösung vom Gedanken der Vergebung der Sünde her. Die Macht der Sünde, die in einem umfassenden Mangel an Liebe besteht, konnte nur dadurch gebrochen werden, dass Gott selbst Mensch wurde und an die Stelle der fortwährenden Lieblosigkeit der Welt seine allumfassende Liebe setzte. Die Liebe Gottes zeigt sich konkret und in einer historischen Situation, nicht abstrakt im Gedanken der Gattung oder einer anderen Welt. Darum musste Gott Mensch werden. Zugleich aber gilt sie den Menschen aller Zeiten; das Angebot der Liebe Gottes ist nicht mit dem Tode Jesu zu Ende. Hierin liegt für Keller der besondere Gehalt der Aussage von Kreuz und Auferstehung.

In seiner Auslegung der Rede vom Heiligen Geist orientiert sich *Ludwig Mödl* an den fünf Appositionen des dritten Glaubensartikels. Die Aussage »Ich glaube an den Heiligen Geist« verdeutlichen für Mödl die nachgestellten Zusätze näher: Die Kirche stellt den allumfassenden Raum dar, in dem der Heilige Geist wirkt; die Gemeinschaft der Heiligen, die Gemeinschaft derer, die durch ihr Leben und Handeln die Heiligkeit Gottes widerspiegeln, ist ein Zeichen für das Wirken des Heiligen Geistes, ebenso wie die Vergebung der Sünden, die sich nur dort ereignen kann, wo der Geist wirkt. Schließlich legen auch das Bekenntnis zum Glauben an die Auferstehung der Toten und das ewige Leben die Rede vom Heiligen Geist genauer aus: Der Geist ist das Sinnbild für die Hoffnung, die über den Tod hinausgeht, Hoffnung darauf, dass Gott dereinst seine Schöpfung vollenden wird.

Versucht Ludwig Mödl, die traditionelle Sprechweise vom Heiligen Geist durch die der Bestimmungen des dritten Glaubensartikels zu konkretisieren, so beschreitet *Bernd Jochen Hilberath* einen anderen Weg. Ähnlich wie Franz-Josef Nocke ist auch Hilberath daran interessiert, die Identitätsentwicklung des einzelnen Menschen als Deutehorizont für das Bekenntnis zum Heiligen Geist einzuführen. In dieser Perspektive entsprechen die Charakteristika des Geistes, wie sie sich aus der biblischen Tradition ableiten lassen, der Grundbewegung individueller Identitätsentwicklung. Die Personbildung setzt voraus, dass der Einzelne sich selbst überschreiten, mit anderen eine Beziehung eingehen kann. Der Geist Gottes ermöglicht dies, indem er die Voraussetzungen schafft, sich selbst zu transzendieren und sich dem anderen zu öffnen.

Wenn, wie es die Mehrzahl der in diesem Band zusammengestellten Beiträge vorschlägt, eine enge Verbindung zwischen Glaube und Geschichte, zwischen dem Wirken Gottes und dem Lauf der Welt hervorgehoben wird, stellt sich die Frage nach der Theodizee mit besonderem Nachdruck. Wie verhält sich die Botschaft von dem Wirken Gottes in der Geschichte zu der Erfahrung von Leid und Unheil in dieser Welt? *Walter H. Sparn* setzt sich mit diesem Problemkreis auseinander und stellt heraus, dass es aus christlicher Perspektive keine allgemeine Lösung des Theodizeeproblems geben kann. Denn gerade die konstitutive Unterschiedenheit zwischen Gott und Mensch, die in den verschiedenen Interpretationsvorschlägen zu den einzelnen Artikeln des Credo immer wieder herausgestellt wurde, verbietet es, aus christlicher Perspektive jenen archimedischen Punkt außerhalb der Geschichte einzunehmen, von dem aus Gottes Handeln in der Welt abschließend beurteilt werden könnte. Statt einer umfassenden Geschichtsdeutung plädiert Sparn darum dafür, das Augenmerk auf die Interpretation des *eigenen Lebens* mit Gott auf dem Weg durch die Geschichte zu richten.

Doch gerade hier, bei der Deutung der jeweiligen Gegenwart im Licht der christlichen Verheißung, konstatiert *Dietrich Wiederkehr* ein unübersehbares Defizit der theologischen Tradition. Der Hauptschauplatz der christlichen Hoffnung ist für Wiederkehr die jetzige Welt und die darein verflochtene Existenz des Einzelnen und unserer Gesellschaft, aber gerade dieser Bereich habe lange Zeit ein theologisches Niemandsland dargestellt. Erst nach und nach, vor allem unter dem Eindruck anderer Gesellschafts- und Weltanschauungsentwürfe, habe die Theologie die Gegenwart als genuines Handlungsfeld entdeckt. Wiederkehr plädiert dafür, die Grundkoordinaten des christlichen Glaubens, die Botschaft von Wirken, Tod und Auferstehung Jesu Christi und die Verheißung des Reiches Gottes als Motivation und Orientierungspunkte für das Leben und Handeln der Christen in ihrer jeweiligen Zeitgenossenschaft und Lebenswelt zu verstehen. Christologie, Soteriologie und Eschatologie strahlen unmittelbar auf die Gegenwart aus und beschränken sich nicht nur auf Vergangenes und Zukünftiges. Das Reich Gottes verbleibe, so Wiederkehr, nicht in einer a-politischen und geschichtstranszendenten Immunität, sondern wolle sich geschichtsimmanent konkretisieren. Solche Konkretion bedeute etwa, solidarisch für diejenigen Menschen einzutreten, die ihre Gegenwart selbst nicht gestalten können. Sie bedeute auch, an einer steten Verbesserung der Lebensverhältnisse zu arbeiten. Dabei gilt es aber immer, das Bewusstsein wach zu halten, dass die Vollendung des Einzelnen nur vom Handeln und der Zusage Gottes zu erwarten ist. Dies unterscheide die Wirklichkeitssicht des Christentums von einem innerweltlichen Perfektionsstreben, in dem für die Erfahrung menschlicher Schwäche und Begrenztheit, aber auch für die Chancen eröffnende Abkehr von eingefahrenen Traditionen kein Raum mehr verbleibt.

Christlicher Glaube versteht sich als Interpretation der eigenen

Gegenwart im Licht der Geschichte Gottes mit den Menschen, im Licht von Kreuz und Auferstehung Jesu Christi und der Verheißung des Reiches Gottes. Er möchte dazu anleiten, das eigene Leben und das gemeinsame Zusammenleben zu deuten und zu gestalten. Für eine solche Deutung und Gestaltung der eigenen Biographie wie der eigenen Glaubenswirklichkeit im Lichte der traditionellen Überlieferungsbestände des Christentums wollen die nachfolgend abgedruckten Beiträge Anregungen und Hilfestellungen bieten.

München und Duisburg im April 2000

Reiner Anselm
Franz-Josef Nocke

1 Paul Tillich: Systematische Theologie, Bd. 1 (1951), dt. Stuttgart 1956, 9.

Ich glaube an Gott: Schöpfer und Vater

FRANZ-JOSEF NOCKE

Am Anfang des Apostolischen Glaubensbekenntnisses stehen vier gewichtige Worte: »Glaube«, »Gott«, »Schöpfer«, »Vater«. Ich werde mich darauf konzentrieren, jeweils die aktuelle Problematik anzudeuten, die sich mit diesen Worten heute verbindet, und eine Interpretation vorzutragen, die diese Problematik berücksichtigt.

1. Glaube

Christlicher Glaube ist nicht mehr selbstverständlich. Diese Erfahrung machen in Mitteleuropa so gut wie alle Gläubigen, die sich auf das Gespräch mit ihren Angehörigen, Freundinnen und Freunden einlassen, und erst recht diejenigen, deren Aufgabe es ist, in Bildungsarbeit , Pastoral, Schule, Hochschule usw. das Geheimnis Gottes zur Sprache zu bringen. Dabei haben die meisten auch bemerkt, dass es nicht nur törichte oder böswillig verstockte, sondern auch intelligente und an Wahrhaftigkeit interessierte Zeitgenossen sind, die unseren christlichen Glauben nicht teilen. Andererseits werden aber nicht wenige in der Kirche Engagierte von dem Ideal geleitet, man müsse den Glauben so »weitergeben« können, dass ein einigermaßen verständiger Gesprächspartner bei gutem Willen eigentlich zustimmen müsste. Entsprechend groß sind die Frustrationen, wenn es trotzdem nicht gelingt, die christliche Botschaft zu vermitteln. Und in manchen wächst der selbstkritische Verdacht, im Entscheidenden versagt zu haben, oder gar, im Grunde selbst keinen Glauben zu haben.

In dieser Situation ist es wichtig, daran zu erinnern, dass Glauben (auch unser eigenes) etwas mit einer Option zu tun hat und dass diese Option immer auch lebensgeschichtlich mitbedingt ist. »Ich glaube an Gott« – das könnte man etwa so übersetzen: Ich setze darauf, dass das Gerücht, es gebe Gott, wahr sei. Ich weiß es nicht sicher, aber ich habe die Option getroffen, fest darauf zu setzen. Diese Option kann ihre guten Gründe haben; und es gibt auch gute Gründe dafür, dass man überhaupt zu wichtigen Lebensorientierungen und Entscheidungen aufgrund von Optionen kommt; aber die Richtigkeit dieser konkreten Option (für den christlichen Glauben) kann nicht stringent bewiesen werden.

Konkret und auf mich persönlich bezogen: Ich bin nicht deshalb Christ, weil ich die Vielfalt religiöser Angebote alle durchgeprüft und den christlichen Glaubensweg als den objektiv besten eindeutig ermittelt hätte (dafür würde ein Leben gar nicht ausreichen), sondern ich persönlich bin katholischer Christ, weil (neben einem Milieu, das mich geprägt hat) bestimmte Menschen mich mit ihrem Denk- und Verhaltensstil überzeugt haben, weil ich mit dem so erlebten Glauben überwiegend gute Erfahrungen gemacht habe und weil mir keine Argumente begegnet sind, die mich nötigen würden, diesen Glauben aufzugeben. Zwar kenne ich auch andere Glaubensbiographien: Lebensgeschichten von Menschen, die ursprünglich mehr außerhalb der Kirche aufwuchsen und die nach langen Suchwegen und Lebensexperimenten zum christlichen Glauben gekommen sind; und es ist ja auch bekannt, dass die Prägekraft des Milieus abnimmt; aber gerade in dieser Situation wird uns deutlicher bewusst, dass Begegnungen mit bestimmten Menschen, mit überzeugenden Einzelpersonen oder auch Gemeinden oder Gruppen eine entscheidende Rolle spielen. Durchweg ist also die Glaubensoption stark situativ bedingt und nicht etwa wie eine mathematische Erkenntnis durch korrekte Belehrung herstellbar.

Ein solcher Erkenntnisweg ist auch von den Ursprüngen des Christentums her zu erwarten. In den neutestamentlichen Erzählungen entsteht Jüngerschaft aus persönlicher Begegnung, zunächst mit Jesus von Nazareth, später auch mit den Jüngern Jesu.

Diese Einsicht ist gewiss nicht neu. Aber sie muss immer neu verinnerlicht werden. Dann kann sie existentiell wirksam werden.

Sie kann uns *vor intellektueller Selbstüberforderung und unglaubwürdiger geistiger Akrobatik schützen.* Zwar ist es in unserem Lehr- und Bildungsberuf gewiss unsere Aufgabe, darauf zu achten, dass wir

möglichst verständlich und widerspruchsfrei reden; aber wir sind nicht erst dann gute Christen oder gute Erwachsenenbildner und -bildnerinnen, wenn es uns gelingt, die Richtigkeit des Christentums stringent und unwiderstehlich zu beweisen.
Sie kann uns zur *Gelassenheit* im Gespräch mit Nichtchristen verhelfen. Sie kann dazu beitragen, dass wir, ohne uns selbst untreu zu werden, tolerieren können, dass andere sich anders entscheiden als wir. Diese Gelassenheit macht uns frei, anderen, auch uns Nahestehenden, die Freiheit ihres Weges zuzugestehen. Und das wiederum ist auch um unserer Überzeugungskraft willen wichtig: Die Gelassenheit kann uns davor bewahren, unsere Gesprächspartner notfalls mit psychischer Gewalt oder mit Tricks gewinnen zu wollen, und sie kann von daher dem weit verbreiteten Verdacht entgegenwirken, die kirchliche Verkündigung arbeite grundsätzlich mit trickreichen Umgarnungen. Diese Einsicht kann uns schließlich dazu motivieren, uns in unserem *Lebensstil* so zu verhalten, dass die Chance wächst (mehr nicht!), dass der eine oder die andere sich für unseren Glauben gewinnen lässt.

2. Gott

2.1. Was meine ich, wenn ich »Gott« sage?

Ein Freund erzählte mir kürzlich von einer Unterhaltung mit jemandem, der von seinem Weg zum Atheismus sprach. Der Freund habe ihn dann gefragt, was er sich unter »Gott« vorstelle. Als der andere ihm seine Vorstellungen mitgeteilt habe, habe der Freund ihm gratuliert: An einen solchen Gott dürfe man wirklich nicht glauben! In der Tat: Mit dem Wort »Gott« verbinden sich oft Assoziationen, die, selbst wenn sie innerhalb der Kirche kolportiert werden, von einem christlichen Gottesbild weit entfernt sind.
Hier liegt auch eine Problematik der von zu Zeit veröffentlichten Umfragen. Ob jemand die Spalte »Ich glaube an Gott« ankreuzt oder die Spalte »Ich glaube nicht an Gott«, das sagt noch wenig aus über die wirkliche Lebensoption gegenüber dem Geheimnis, das

mit dem Wort »Gott« im christlichen Verständnis gemeint ist. Dieses Verständigungsproblem wird heute noch einmal verstärkt, weil eine einheitliche Sprachkultur (wenn es sie je gab) weitgehend zerbrochen ist: Bei jedem der großen Wörter der Glaubenstradition – »Gnade«, »Heil«, »ewiges Leben«, »Himmel«, »Erlösung« und eben auch »Gott« – müssen wir immer wieder neu durchbuchstabieren, was wir damit meinen.

Wer heute von Amts wegen über den Glauben spricht, sollte deshalb hin und wieder sich selbst mit der Frage konfrontieren: Was meine ich, wenn ich »Gott« sage? Könnte ich meinen eigenen Lebenshorizont, mich bewegende Bilder und Zeichen des Glaubens und zentrale Formulierungen von Schrift und Tradition so miteinander verschmelzen, dass ich meine Kurzformel des Glaubens fände? Und was bedeutet mir dann das Wort »Gott«?

Um es nicht im Abstrakten zu belassen, versuche ich, *meine* Antwort zu formulieren (ohne allerdings an dieser Stelle den Prozess aufzuzeigen, der zu dieser Formulierung führte). Mit »Gott« meine ich:

- *Einen Grund, mich selbst anzunehmen:* Ich bin gewollt, bejaht, angesprochen.
- *Eine Adresse, bei der ich mich aus-sprechen kann:* Ich kann danken, klagen, um Hilfe rufen, warten, vor allem: mein Leben anschauen in dem Bewusstsein, jemand schaut interessiert und liebend mit.
- *Einen Hintergrund (ich könnte auch sagen: die Tiefendimension) meiner Begegnungen:* Ich darf glauben, dass ich in der Begegnung mit einem Menschen das Ufer eines unendlich weiten Landes berühre.
- *Einen Hoffnungshorizont:* Ich darf darauf setzen, dass der Einsatz für das Leben, für Gerechtigkeit und Frieden nicht umsonst gewesen sein wird; dass letzten Endes tatsächlich Gerechtigkeit hergestellt, Leben geheilt werden, Liebe gelingen wird. Ich muss mir nicht vorkommen wie Sisyhus oder der Goldhamster im Rad, deren Anstrengungen zu nichts führen; ich darf darauf vertrauen, dass meine individuelle Lebensgeschichte und die Menschheitsgeschichte als ganze ein Ziel haben.

2.2. Die »Namen« Gottes

In den neuscholastischen Lehrbüchern der Dogmatik, welche die Älteren von uns noch von ihrem Studium her kennen (und für deren Inhalt sich manche heute wieder zu erwärmen scheinen), wären solche Aussagen höchstens anhangsweise, als fromme, aber unwissenschaftliche Zugaben zugelassen worden. Diese Theologie legte Wert auf Präzision und Objektivität. Sie unterschied (a) Aussagen über »das metaphysische Wesen« Gottes (Aseität, das Sein selbst, das höchste Gut, actus purus...), (b) die »Attribute« oder »Eigenschaften« Gottes (Vollkommenheit, Unendlichkeit, Einfachheit, Ewigkeit, Unveränderlichkeit, Allmacht, Allwissenheit, Allgüte...) von (c) den biblischen Gottesnamen (Jahweh, Vater, König, Richter, Hirt...). Die biblischen Namen schienen der Neuscholastik am wenigsten wert zu sein; denn man merkte ihnen einen bestimmten epochalen Kontext an, und das schien ihren Wert zu relativieren; die Dogmatik dagegen bevorzugte zeitlos gültige, objektive Aussagen.

Aus heutiger Sicht hat sich die Theologie damit nicht nur übernommen, sondern zugleich auch zu wenig gesagt. Das Ideal der Objektivität überblendete den Bekenntnischarakter der Glaubensaussagen, und die Theologie täuschte eine Präzision vor, die es gerade aus theologischen Gründen nicht geben kann. Das ist uns seit Karl Rahners frühem Aufsatz »Theos im Neuen Testament«[1] deutlicher geworden. Alle »Attribute« Gottes sprechen nicht von Gott »rein an sich«, sondern sie sind immer *Beziehungsaussagen:* sie sagen, was die Glaubenden an Gott haben. Mit anderen Worten: Wir können nicht von Gott sprechen, ohne von uns selbst zu sprechen. Und was wir von Gott sagen, können nicht (objektive, den Gegenstand von allen Seiten abgrenzende) »Definitionen« sein, sondern immer nur geschichtlich gewordene »Namen«, mit denen Menschen Gott angerufen und mit denen sie aus ihrer Gottesbeziehung heraus von Gott gesprochen haben.

Das bedeutet aber auch: Alle Aussagen über Gott, auch in der Bibel und in den höchst kirchenamtlichen Dokumenten, sind menschliche, geschichtlich kontingente Sprechversuche: unvollkommen, immer auch missverständlich, immer wieder interpretations- und korrekturbedürftig. Das wird besonders von jenem Strom innerhalb der Theologiegeschichte betont, den wir »*Negative Theologie*« nennen.

Dafür einige klassische Beispiele: Bischof *Hilarius von Poitiers* (gest. 367) setzte sich engagiert dafür ein, dass die mit komplizierter griechischer Begrifflichkeit formulierte nicänische Christologie auch in der Kirche Westeuropas angenommen würde. Dennoch erklärte er gerade in seinem dogmatischen Hauptwerk »De trinitate«, als wolle er seine Aussagen von vornherein mit einem selbstkritischen Vorzeichen versehen, er sei »genötigt, das zu tun, was zu tun nicht erlaubt ist: [...] das Unaussprechliche auszusprechen, [...] das Unberührbare zu berühren, [...] unerzählbare Dinge in die Sprache unserer Schwachheit zu fassen, und was in der Anbetung unseres Herzens zurückgehalten werden müsste, durch unser Aussprechen den Gefahren des menschlichen Wortes auszuliefern.«[2]
Das *Vierte Laterankonzil* formulierte 1215, ebenfalls im Zusammenhang der Trinitätstheologie, die mit ihren vielen Differenzierungen den Anschein äußerster begrifflicher Präzision erwecken könnte: »Zwischen Schöpfer und Geschöpf kann man keine noch so große Ähnlichkeit feststellen, dass zwischen ihnen nicht eine noch größere Unähnlichkeit festzustellen wäre.«[3] Das bedeutet: Da alle Wörter, mit denen wir über Gott sprechen (»Vater«, »Macht«, »Güte« usw.) zunächst Wörter für geschöpfliche Wirklichkeiten sind (vielleicht mit der einzigen Ausnahme des Wortes »Gott«), können sie immer nur analog verstanden werden. Da uns aber gar keine andere Sprache zur Verfügung steht als diese, sind notwendig alle unsere Aussagen über Gott mehr falsch als richtig.
Wegen dieser »Unähnlichkeit« sagte *Meister Eckhart* (gest. 1328) in einer Predigt: »Das Schönste, was der Mensch über Gott auszusagen vermag, besteht darin, dass er aus der Weisheit des inneren Reichtums schweigen könne. Schweig daher und klaffe nicht über Gott...!«[4]
Und *Karl Rahner* (gest. 1984) bekannte in seiner letzten öffentlichen Rede, die so etwas wie seine theologische Lebensbilanz wurde, auf die o.g. Aussage des Vierten Laterankonzils anspielend: »Aber im

praktischen Betrieb der Theologie vergessen wir das immer wieder. Wir reden von Gott, von seiner Existenz, von seiner Persönlichkeit, von drei Personen in Gott, von seiner Freiheit, von seinem uns verpflichtenden Willen usf.; wir müssen dies selbstverständlich, wir können nicht bloß von Gott schweigen, weil man dies nur kann, wirklich kann, wenn man zuerst geredet hat. Aber bei diesem Reden vergessen wir dann meistens, dass eine solche Zusage immer nur dann einigermaßen legitim von Gott ausgesagt werden kann, wenn wir sie gleichzeitig auch immer wieder zurücknehmen, die unheimliche Schwebe zwischen Ja und Nein als den wahren und einzigen festen Punkt unseres Erkennens aushalten und so unsere Aussagen immer auch hineinfallen lassen in die schweigende Unbegreiflichkeit Gottes selber…«[5]

»Namen«, aber nicht »Definitionen« Gottes: worin besteht die existentielle Bedeutung dieser Einsicht? Kann sie bei Theologen bloß Verlegenheit auslösen? Ich meine, was auf den ersten Blick wie eine bedauerliche Unschärfe wirken könnte, erweist sich bei weiterem Nachdenken als befreiend und bereichernd: Der unendlichen Sehnsucht im Menschen entspricht ein unendliches Geheimnis. Wäre dieses Geheimnis exakt definierbar, müsste es endlich und damit letzten Endes enttäuschend sein.

Unsere Gesprächspartner dürfen uns also ruhig anmerken, dass wir, wenn wir von Gott reden, ins Stottern kommen, um Worte ringen, uns unaufhörlich korrigieren. Das könnte ein Zeichen dafür sein, dass wir wirklich von Gott, dem Geheimnis unseres Lebens, zu sprechen versuchen und nicht von einem Götzen, dem Konstrukt menschlicher, (pseudo-) theologischer Erfindung.

3. Schöpfer

Mit dem Gottesnamen »Schöpfer« verbinden sich von der biblischen und kirchlichen Tradition her drei Konnotationen:

Von Gott kommt alles her. Er hat alles gemacht. Im Hintergrund dieser Konnotation stehen vor allem die beiden Schöpfungserzählungen in Genesis 1 und 2, zusätzlich pointiert durch den dogmatischen Begriff der »creatio ex nihilo« (Schöpfung aus dem Nichts).

Gott erhält alles am Leben. Biblisch ist dieser Gedanke besonders anschaulich gestaltet im 104. Psalm, innerhalb dieses Psalms nochmals konzentriert in Vers. 29f: »Nimmst du ihnen den Atem, so schwinden sie dahin und kehren zurück zum Staube der Erde. Sendest du deinen Atem aus, so werden sie alle erschaffen und du erneuerst das Antlitz der Erde.« Die Theologie spricht von der »creatio continua« (ständig andauerndes Schöpfungsgeschehen).

Gott wird die Welt vollenden. Hier verbindet sich mit dem Schöpfer-Namen vor allem eine Hoffnung. Selbst wenn der Weg durch Katastrophen hindurch gehen sollte, die Welt wird einmal Gottes gute Welt sein: »Ich erschaffe einen neuen Himmel und eine neue Erde … Ihr sollt euch ohne Ende freuen und jubeln über das, was ich erschaffe« (Jes 65,17f; vgl. Offb 21,1). Diese Überzeugung wurde besonders in Zeiten großer Bedrängnis und Angst wichtig. So spricht im 2. Makkabäerbuch eine Mutter angesichts tyrannischer Folterungen zu ihren Kindern: »Ich weiß nicht, wie ihr in meinem Leib entstanden seid … der Schöpfer der Welt hat den werdenden Menschen geformt, als er entstand. Er kennt die Entstehung der Dinge. Er wird euch Atem und Leben wiedergeben« (2 Makk 7,22f).

Eine Menge von theologischen Problemen ist darin begründet, dass der Schöpfungsbegriff oft auf die erste Konnotation reduziert und die zwei anderen praktisch vergessen wurden. Dann übersetzte man den Satz »Ich glaube an Gott, den Schöpfer« wie selbstverständlich mit der Vergangenheitsform: »… der alles geschaffen *hat*«. Mit anderen Worten: Man legte Gottes Schöpfungshandeln auf einen (chronologisch verstandenen) Anfang fest. Daraus ergaben sich dann die bekannten Konflikte: mit der Evolutionslehre (muss Evolution eine gedankliche Alternative zu Schöpfung sein?), mit den schlimmen Erfahrungen der Geschichte (die Theodizee-Frage: wie soll man angesichts von Hiroshima, Auschwitz, Kosovo … an eine gut geschaffene Welt glauben?), aber auch mit einer unromantischen Naturbeobachtung (der grausame Kampf der Arten, das Spiel der Katze mit der Maus scheint gegen einen guten Schöpfer zu sprechen). Einspruch kam schließlich auch von der Idee der Freiheit her: Wie soll der Mensch frei sein, als Subjekt sich selbst bestimmen können, wenn er nur Objekt göttlichen Handelns ist?

Hier scheint mir eine doppelte Korrektur notwendig. Erstens sind Schöpfung und Erlösung enger zusammenzudenken. Und zweitens ist eine mehr dynamisch-eschatologische Ausrichtung des Schöpfungsbegriffs zu erarbeiten. Beides legt sich von der neueren Theologie her insofern nahe, als diese das Exodus-Motiv als theologisches Grundmotiv wiederentdeckt[6] hat. Geht man davon aus, dass das Exodus-Motiv im Glauben Israels mindestens ebenso ursprünglich und zentral ist wie das Schöpfungsmotiv, dann hat das Konsequenzen für das Gottesbild: Gott ist vor allem Retter, der herausholt aus dem Elend. Von hierher lässt sich sogar die Schöpfungserzählung in Gen 1 deuten: Aus einer chaotischen Welt, in der kein Mensch leben könnte, schafft Gott einen Kosmos. Im Chaos von Schlamm und diffusem Nebel grenzt der Schöpfer einige Räume festen Landes aus, setzt der Finsternis und dem unheimlichen Meer Grenzen, damit festes Land und Zeiten des Lichts Raum gewinnen und damit Lebenschancen für den Menschen entstehen. Und wenn Gen 1 nicht die Erzählung eines historischen Anfangs ist, sondern ein Bild dafür, wie man angesichts der sehr gemischten geschichtlichen Erfahrungen davon sprechen kann, wie es zwischen Gott und Welt steht, dann kann man Schöpfung als einen Prozess und das Wort vom Schöpfer als eine Hoffnungsaussage verstehen. Hierzu passen ja auch die Bilder des letzten biblischen Buches, in dem es heißt, in der vollendeten Welt werde »das Meer nicht mehr sein«, und es werde »Nacht nicht mehr geben« (Offb 21,1 und 25). »Ich glaube an Gott, den Schöpfer« heißt dann: Ich glaube, dass hinter den mehrdeutigen Phänomenen, den teils schönen, teils furchtbaren Gegebenheiten der Geschichte eine rettende Macht am Werk ist, die aus Chaos Kosmos machen will und machen wird.

Damit könnte der Konflikt mit dem Evolutionsdenken überwunden sein. Wenn es (was keine theologisch zu beantwortende Frage ist) so etwas wie zielgerichtete Entwicklung gibt, dann könnte gerade dies die nach außen erkennbare Seite des Schöpfungsprozesses sein. Der Glaube würde sich damit nicht etwa in evolutionistischen Fortschrittsoptimismus auflösen, sondern es bliebe dabei, dass er ein fundamentales Vertrauen ermöglicht: Evolution wäre dann nämlich nicht *bloße* Evolution, sondern Ausdruck einer wohlwollenden und weltgestaltenden personalen Macht. Und dieser Macht kann man auch dann noch Vertrauen schenken, wenn, wie es heute weitgehend geschieht, die optimistische Vorstellung einer stetigen Aufwärtsentwicklung schwindet.

Auch der Konflikt mit dem neuzeitlichen Subjekt-Denken könnte von hierher zumindest entschärft werden. Das Exodus-Motiv bringt ja Gottes Rettungshandeln eng mit menschlicher Eigeninitiative zusammen. Es wird eben nicht erzählt, dass die Hebräer im Schlaf aus Ägypten nach Kanaan getragen wurden, sondern es wird stark betont, wie die Suche nach dem versprochenen Land menschliches Handeln voll beansprucht: Der Aufbruch muss von Mose organisiert, die Wüstenwanderung muss gewagt, die eigene Resignation bezwungen, eine neue Lebensordnung gefunden werden usw.

Das Theodizee-Problem ist damit zwar nicht voll gelöst (ich sehe dazu überhaupt keine überzeugende theologische Möglichkeit); aber der Frage ist eine andere, mehr praktische Richtung gegeben: Leid, Elend, Unrecht, Katastrophen sind nämlich Zeichen dessen, was *noch* ist, aber einmal überwunden werden soll. Freilich bleibt der intellektuell und existentiell gewichtige Einwand: Wieso kann der mächtige Gott uns diesem grausamen Prozess aussetzen? Hat er kein Herz? Wie kann man einen solchen Gott »Vater« nennen? Damit sind wir beim letzten der vier großen Worte.

4. Vater

Vom biblischen Sinngehalt her ist »Vater« als Gottesname dem Schöpfer-Begriff nahe, betont allerdings stärker den Aspekt personaler Verbundenheit: Gottes Liebe, Fürsorge, Erbarmen, Hilfe, verlässliche Treue.

Das heute von vielen empfundene Problem, dass der Gottesname »Vater« patriarchalischem Denken Vorschub leistet, will ich nur kurz andeuten. Ohne die Argumente im einzelnen zu erörtern, sei dazu hier nur gesagt: Ich halte die Rede von Gottes Mütterlichkeit für ebenso legitim wie die von Gottes Väterlichkeit. Wenn ich dieses Thema so schnell wieder verlasse, dann nicht deshalb, weil ich das Problem nicht sähe oder es für unwichtig hielte, sondern weil ich der am Ende des vorigen Absatzes aufgeworfenen Frage etwas größeren Raum geben möchte.

Noch einmal: Was bedeutet angesichts der schrecklichen Erfahrungen der Vatername? Ich meine, das Wort vom Vater legt es nahe, Gott nicht nur als souveränen Weltenlenker zu denken, sondern auch als jemanden, der in die von ihm geschaffene Welt und in die von ihm in Gang gesetzte Geschichte hinein verstrickt, von den Leiden in der Schöpfung selbst schmerzlich betroffen ist.

In diesem Punkt sind wir dabei, von jüdischer Theologie zu lernen. Dort hat die furchtbare Erfahrung der Schoa dazu geführt, die Frage nach dem Gott der Geschichte radikal neu zu stellen. Von den sehr verschiedenen Versuchen, eine Antwort zu finden, führten manche zu den alten (aus den Jahrhunderten nach der Zerstörung des zweiten Tempels stammenden) rabbinischen Erzählungen, die von Gottes Mit-leiden mit seinem leidenden Volk sprechen, von seinem Stöhnen unter der Last der (doch von Gott selbst in Gang gesetzten) Geschichte, von seiner Trauer und seinen Tränen über die Misshandlung seines Volkes, von seiner Klage über die Zerstörung des Tempels usw. Aber in diesen Erzählungen verliert Gott nichts von seiner Größe. In demselben Maße nämlich, wie sich die Aussagen von Gottes Schmerz steigern, werden auch die Hoheitsaussagen gesteigert. Oft werden die Aussagen scheinbar paradox gegeneinander gestellt: »Wohl dem *König*, den man so in seinem Hause preist! Doch wehe dem *Vater*, der seine Kinder ins Exil geführt hat, und wehe den Kindern, die vom Tisch des Vaters weg ins Exil geführt wurden!« Gott ist »König«, der »Allumfassende«, dessen Name dreimal täglich in den Synagogen und Lehrhäusern gepriesen wird – und derselbe Gott ist »Vater«, dessen klagend hallende Stimme der Beter in den Ruinen Jerusalems vernimmt: »Weh mir, dass ich mein Haus zerstört, meinen Tempel verbrannt und meine Kinder unter die Völker ins Exil geführt habe!«[7] Es ist gerade die Dialektik zwischen Hoheit und Klage, die erschütternd wirkt.

Von verschiedenen Seiten her, besonders aber von diesen jüdischen Suchbewegungen inspiriert, kam es auch in der neueren christlichen Gotteslehre zu einer neuen Wahrnehmung biblischer Texte und zu neuen Sprechversuchen der systematischen Theologie. Manche biblischen Worte, die früher als bloße Anthropomorphismen abgetan wurden (die wohl etwas über die Sprechweise des Verfassers, aber nichts über Gottes Wesen aussagen), werden jetzt aufmerksamer gelesen und in die theologische Rede von Gott einbezogen: die Wendung von Gottes Reue (vgl. z.B. Gen 6,6), die Bilder von Gottes Enttäuschung, die mit der Enttäuschung einer Mutter über ihr undankbares Kind verglichen wird (vgl. Hos 11), und vom Kampf zwischen Gerechtigkeit und Liebe im Herzen Gottes (Vgl. Hos 11,8; Jer 31,20; Jes 54,8).

Einige systematische Ansätze[8] seien kurz angedeutet: *Jürgen Moltmann* interpretiert kreuzestheologisch die »Gottverlassenheit« des gekreuzigten Jesus als »unendlichen Schmerz«[9] des Vaters, ja für ihn beginnt das Leiden Gottes bereits mit der Schöpfung: »Mit der Schöpfung einer Welt, die nicht Gott ist, beginnt die Selbsterniedrigung Gottes ... das Leiden der ewigen Liebe.«[10] Der französische katholische Dogmatiker *Jean Galot* spricht von der »compassion« des Vaters und argumentiert vom Begriff der Liebe her: »Wenn die Bande, die zwischen Gott und dem Menschen geknüpft sind, Bande der Liebe sind, kann der wahre Gott nur der sein, der in seiner Liebe für den Menschen und mit dem Menschen leidet.«[11] Ähnlich *Jürgen Werbick:* Gott »riskiert eine Liebesgeschichte ... Beim Scheitern einer Liebesgeschichte scheitern immer beide.«[12] *Hans Kessler* weitet die Idee von Gottes Mit-Leiden auf das Verhältnis Gottes zur gesamten Schöpfung aus. Er geht von dem Gedanken aus, dass Gott durch seinen Schöpfergeist und Lebenshauch in all seinen Geschöpfen (nicht nur im Menschen) präsent ist. So sind alle Geschöpfe »so etwas wie Gottes empfindsame Haut«. In diesem Sinne versteht er auch das Motiv vom Stöhnen und von dem sehnsüchtigen Harren der ganzen Schöpfung in Röm 8,19-22: »Mit seiner Schöpfung, mehr noch: in seiner Schöpfung leidet Gott (bzw. Gottes Geist) selber.«[13]

Für eine Theologie, die möglichst widerspruchsfrei reden will, dürfte das systematische Problem darin liegen, einerseits so von Gottes mitfühlender *Liebe* zu sprechen, dass Gott nicht wie ein herzloser Souverän wirkt, den man eigentlich nicht lieben kann, und andererseits so von Gottes *Macht* zu sprechen, dass er nicht wie der jämmerliche Alte in Wolfgang Borcherts »Draußen vor der Tür« wirkt, der selbst nicht mehr mitkommt und deshalb auch nichts zu geben hat,[14] sondern dass er in Wahrheit Grund unserer Hoffnung sein kann.

Beide Aspekte könnten vielleicht mit Hilfe der trinitarischen Rede von Gott zusammengebracht werden. Ein Versuch, es möglichst einfach und ohne den komplizierten Begriffsapparat der antiken Dogmengeschichte zu sagen, könnte so aussehen: Die Trinitätstheologie will im Grunde nichts anderes sagen, als dass Gott Liebe ist. Gott ist wesentlich »Vater«: Es gehört zu seinem Wesen, aus sich herauszugehen, im anderen bei sich selbst zu sein. Dieses Im-andern-bei-sich-selbst-Sein Gottes[15] nennen wir »Heiliger Geist«. So ist Gott auf vielfältige Weise mit seiner Schöpfung verbunden, in ihr präsent, in ihre Geschichte verstrickt. In *einen* Menschen unserer Geschichte hat Gott sich so total hineingegeben, dass wir diesen Menschen »den Sohn« nennen. Hier wird es (wenigstens für unseren, christlichen Blick) am deutlichsten: Gott engagiert sich persönlich, liefert sich aus, macht sich wehrlos und verwundbar. Dass ebendieser Gott für uns doch ein Gott der Hoffnung bleibt, dass er letzten Endes die Macht haben wird, den Schmerz und den Tod zu besiegen, dieser Glaube verbindet sich mit dem Wort von der Schöpfungsmacht des Vaters.[16]

Anmerkungen

1 Karl Rahner, Theos im Neuen Testament, in: Ders., Schriften zur Theologie, Bd. 1, Einsiedeln 1954, 91-167 (Erstveröffentlichung 1950).

2 Hilarius von Poitiers, De trinitate, II,2 (PL 10,51).

3 DH 806.

4 Meister Eckhart, Predigt Nr. 42, hier zit. aus: Deutsche Predigten und Traktate, hrsg. u. übers. von Josef Quint, München 1963, 352-355, Zit. 353.

5 Karl Rahner, Erfahrungen eines katholischen Theologen, in: Vor dem Geheimnis Gottes den Menschen verstehen, hrsg. von Karl Lehmann, Freiburg 1984, 105–119, Zit. 106 f.

6 Dass das Exodus-Motiv praktisch vergessen oder zumindest nicht in seiner Qualität als Grundmotiv erkannt worden war, kann man leicht an der Formulierung des Dekalogs in den Katechismen sehen: Aus dem fundamentalen Ein-

leitungswort »Ich bin Jahweh (der »Ich-werde-für-dich-dasein«), dein Gott, der dich aus Ägypten geführt hat, aus dem Sklavenhaus« (Ex 20,2; Dtn 5,6), wurde das kontextlose »Ich bin der Herr, dein Gott«. Damit veränderte sich der Sinn: Wirkt beim biblischen Dekalog die Erinnerung an die Exodus-Erfahrung wie eine Einladung zum Vertrauen, so wirkt die Katechismus-Formulierung wie ein autoritärer Anspruch.

7 Peter Kuhn, Gottes Trauer und Klage in der rabbinischen Überlieferung (Talmud und Midrasch), Leiden 1978, 258f.

8 Für frühere, noch vor der Neubelebung der christlichen Theologie durch den jüdisch-christlichen Dialog entstandene Entwürfe vgl. bes. Hans Küng, Menschwerdung Gottes. Eine Einführung in Hegels theologisches Denken als Prolegomena zu einer künftigen Christologie, Freiburg 1970, bes. 622–670 (die Arbeit wurde schon vor dem Zweiten Vatikanischen Konzil verfaßt); Kazoh Kitamori, Theologie des Schmerzes Gottes, Göttingen 1972 (japanische Erstveröffentlichung: Tokyo 1958).

9 Jürgen Moltmann, Der gekreuzigte Gott. München 1972, 230.

10 Ders., Trinität und Reich Gottes, München 1980, 75. Als jüdische Parallele hierzu vgl. z.B. Hans Jonas, Der Gottesbegriff nach Auschwitz, Frankfurt 1987, bes. 16–23.

11 Jean Galot, Dieu soufre-t-il? Paris 1976, 105.

12 Jürgen Werbick, Bilder sind Wege. Eine Gotteslehre, 1992, 109f.

13 Hans Kessler, Das Stöhnen der Natur. Plädoyer für eine Schöpfungsspiritualität und Schöpfungsethik, Düsseldorf 1990, 102 und 104.

14 Vgl. Wolfgang Borchert, Draußen vor der Tür, in: Das Gesamtwerk, Hamburg 1949, 99-165, bes. 147-150.

15 Diese Formulierung übernehme ich von Bernd Jochen Hilberath, Pneumatologie, in: Handbuch der Dogmatik, hrsg. von Theodor Schneider, 2. Aufl. Düsseldorf 1995, Bd. 1, 445–552, Zitat: 531, und Jürgen Werbick, Trinitätslehre, ebd., Bd. 2, 481–576, Zitat: 564.

16 Zum letzten Kapitel etwas ausführlicher: Franz-Josef Nocke, Liebe, Tod und Auferstehung. Über die Mitte des Glaubens, 3., erweiterte Aufl. München 1993, bes. 127–130 u. 191–199; Ders., Mit-leidender Gott. Zum Wandel christlicher Rede von Gott im Gespräch mit jüdischer Theologie, in: Tun und Erkennen. Theologisches Fragen und Vermitteln im Kontext des jüdisch-christlichen Gesprächs, hrsg. v. Hans-Joachim Barkenings u. a., Duisburg 1994, 291–304.

Die Welt als Schöpfung Gottes
Grundsätze des christlichen Schöpfungsbekenntnisses

SIEGFRIED WIEDENHOFER

1. Was vom Schöpfungsglauben im Kontext der modernen Welt übrig geblieben ist

Als ich Anfang der sechziger Jahre mit dem Theologiestudium begann, lag der Schöpfungsglaube eigentlich fast ganz am Rand des christlichen Glaubensbewusstseins. Natürlich gab es auch damals Fragen, die beantwortet werden mussten, wie z. B., ob und wie die biblische Schöpfungsgeschichte mit den modernen naturwissenschaftlichen Weltentstehungstheorien vereinbart werden kann. Über den Schöpfungsglauben selbst wusste man jedoch eigentlich kaum mehr zu sagen, als dass Gott die Welt in Freiheit und Güte aus nichts und gut erschaffen hat und dass er sie weiterhin erhält. Das ganze Schöpfungsbekenntnis schien geradezu auf das Faktum des Geschaffenseins zusammengeschrumpft zu sein.

Erst viel später merkte ich, warum dies so gekommen war, warum der Schöpfungsglaube so abstrakt und so dünn geworden ist. Mir war nämlich zunehmend zu Bewusstsein gekommen, in welchem Ausmaß gerade auch das christliche Verständnis der Welt sozusagen hinterrücks eine tiefgreifende »Modernisierung« erfahren hatte, wie sehr auch das Glaubensbewusstsein der Christen faktisch vom bürgerlichen Selbst- und Weltverständnis des neuzeitlichen Menschen geprägt worden ist.

Die relativ unbewegliche mittelalterliche Feudalwelt hatte eindeutige und feste Strukturen: Es gab Reiche und Arme, Große und Kleine, Mächtige und Untertanen. Beide Gruppen konnten nichts für ihren Stand, sie waren so geboren, und in der Regel sind sie auch gestorben wie sie geboren waren: eben als Arme oder Reiche, als Mächtige oder als Untertanen. Die Welt, so wie sie war, so musste es scheinen, entspricht offenbar dem Schöpfungswillen Gottes und der göttlichen Vorsehung. So ist jedem in dieser Welt sein Platz zugewiesen.

Seit dem 18. Jahrhundert tauchte nun – zur Überraschung der Geistlichen, wie Bernhard Groethuysen in seinem zweibändigen Werk »Die Entstehung der bürgerlichen Welt- und Lebensanschauung in Frankreich« sehr schön gezeigt hat – zunehmend ein neuer Menschentyp auf, dem anscheinend in diesem christlichen Weltendrama keine angemessene Rolle zugewiesen war und der sich daher darin als Fremder empfinden musste, der wirtschaftlich tätige, vorwärts drängende *Bürger*. Denn dieser neue Menschentyp war nicht mehr durch göttliche Vorsehung reich geworden, sondern durch eigene Anstrengung. Und während die kirchliche Verkündigung noch die Notwendigkeit der Arbeit primär aus der Universalität der Sünde ableitete und Arbeit als Strafe für den Abfall von Gott und als Buße verstand, empfand nun der Bürger in der Arbeit nicht nur Freude und Befriedigung ob der sichtbaren Erfolge, die sie mit sich bringt (Reichtum, Ansehen, Macht), sondern er verstand jetzt die Arbeit überhaupt als das Natürliche schlechthin, als die Grundaktivität seines Lebens und daher als Sinnerfüllung und Selbstbestätigung.

Das Sprichwort »Jeder ist seines Glückes Schmied« ist seitdem zu einem der Grunddogmen der bürgerlichen Weltanschauung geworden. Je mehr sich aber der Bürger seiner Macht über das Leben bewusst wird, um so weniger erwartet er unmittelbar von der Vorsehung. Zwar kann er noch den Weltenschöpfer preisen, dass er alles so vollkommen geordnet hat, aber dass dieser weiter in die Geschichte unmittelbar eingreift, das erscheint ihm als völlig überflüssig. Im Wirtschaftsleben zählt nur noch Arbeit und Berechnung. Das unberechenbare Wunder ist daher nicht nur unwahrscheinlich, sondern sogar unerwünscht. Bringt es doch nur die eigenen Pläne und Berechnungen durcheinander. Im Rahmen dieser neuzeitlichen bürgerlichen Welt musste daher Gott notwendig in die Ferne rücken. Dort hat er zunächst noch durchaus seinen Sinn und seine Notwendigkeit. Denn dieser Gott, der die Welt einmal erschaffen, sich dann aber zurückgezogen hat, um dem Menschen Raum zu geben, selbst handeln und entscheiden zu können, kann immer noch als letzter Grund und letztes Ziel und damit als die letzte weltjenseitige Garantie von Ordnung und Gerechtigkeit fungieren.

Mit dem Gottesbild hatte sich auch das Verständnis der Welt verändert: Sie war nun einerseits zur Bühne geworden, auf der der Mensch allein das Gesetz des Handelns, Planens, Produzierens und Konsumierens bestimmt. Sie war andererseits auch zum Material geworden, das allein der Befriedigung menschlicher Bedürfnisse, dem Glück des Menschen zu dienen hat. Ich denke, wenn wir unseren normalen christlichen Schöpfungs- und Gottesglauben mit diesem neuzeitlichen Hintergrund konfrontieren, dann müssen wir tatsächlich zugeben, dass dieses bürgerliche Welt-, Selbst- und Gottesverständnis uns alle viel stärker geprägt hat, als uns bewusst ist.

Nun leben wir heute allerdings längst nicht mehr so selbstverständlich in dieser bürgerlichen Welt der Moderne. Zum einen ist im letzten Drittel des 20. Jahrhunderts die Kehrseite dieses neuzeitlichen bürgerlichen Selbst- und Weltverständnisses immer deutlicher in den Blick geraten. Es wurde immer unübersehbarer, dass das unbeschränkte Leistungsprinzip den Menschen überfordert und krank macht, dass das konsequente Marktprinzip die Ungerechtigkeit vergrößert, dass die Ausbeutung der Natur den Lebensraum zerstört, dass eine verabsolutierte Wissenschaft und Technik auch die Menschlichkeit auffrisst. Zugleich ist in der gegenwärtigen Theologie auch der Schöpfungsglaube neu entdeckt worden. Das erste, was bei der erneuten Lektüre der großen Zeugnisse des christlichen Schöpfungsglaubens sofort klar wurde, war, dass diese weder eine Aussage über einen fernen Punkt in der Geschichte machen, noch auch das Schöpfungshandeln Gottes und die konkrete Entstehung der Welt als konkurrierende Größen verstehen wollen, dass es im christlichen Schöpfungsbekenntnis vielmehr immer um eine Auslegung der heutigen Welt geht, dass die heutige Welt und die Welt überhaupt von ihrem letzten Grund her verständlich wird.

Was es heißt, wenn die Christen glauben, dass die Welt Schöpfung

Gottes ist, möchte ich gleich in zwei theologischen Grundsätzen entfalten. Zuerst soll aber noch ein Wort zur Besonderheit des christlichen Schöpfungsglaubens gesagt werden. Denn wir leben heute nicht nur in einer Welt, in der vielfältige Formen des religiösen Weltverständnisses aufeinandertreffen, sondern auch für uns selbst wird die Besonderheit des christlichen Schöpfungsglaubens nur in einem Gespräch und Vergleich mit Alternativen greifbar.

2. Zur Besonderheit des christlichen Weltverständnisses

In der religiösen Sprache der Menschheit kommt die Welt in verschiedener Form zur Sprache: in gottesdienstlichen Riten, in Liedern, im Lobpreis, im Gebet, in Geboten und Weisungen, vor allem aber auch in heiligen Ursprungsgeschichten, häufig auch Ursprungsmythen genannt. Die jüdischen bzw. christlichen Schöpfungsgeschichten sind ein Teil dieser Mythen des Ursprungs. Wenn hier von Schöpfungsmythen gesprochen wird, so ist dabei unter Mythos nicht eine erfundene Göttergeschichte gemeint, sondern eine heilige Geschichte, die einen ganz spezifischen Zweck verfolgt. Mythen in diesem Verständnis sind in erster Linie nicht Darstellung der (religiösen) Erfahrungswelt, d. h., (religiöse) Beschreibung der Gesamtwirklichkeit, die dann mit einer wissenschaftlichen Beschreibung der Welt konkurrieren könnte, sondern Mythen in diesem Verständnis sind hier erzählerische Artikulation der (religiösen) Erfahrungsweise. In der Form einer Geschichte liefern sie die grundlegende Perspektive und die grundlegenden Unterscheidungen, die uns ermöglichen, das was uns begegnet, religiös bzw. christlich einzuordnen und zu verstehen. Sie beschreiben nicht, was einmal geschehen ist oder was heute geschieht, sondern sie geben zu sehen, zu verstehen, zu denken, zu erfahren, was »die Welt im Innersten zusammenhält«. Die Ursprungsmythen sprechen also nicht vom empirischen Ursprung der Welt wie die Naturwissenschaften, sondern sie machen die Welt von ihrem letzten und eigentlichen Ursprung und Sein in ihrer Vielgestaltigkeit und auch Widersprüchlichkeit verstehbar und lebbar. Deshalb gibt es auch kein religiöses Weltverständnis, das nicht die dunkle, negative Seite der Wirklichkeit miteinschlösse. Deshalb gehört z. B. zur jüdischen bzw. christlichen Schöpfungsgeschichte die Sündenfallgeschichte notwendig dazu. Worin besteht also die Besonderheit des christlichen Schöpfungsglaubens, wenn man die Schöpfungsmythen als Grundlage nimmt? Im Grunde gibt es nur drei Typen religiöser Ursprungsmythen und damit drei Grundtypen religiösen Weltverständnisses: die monistische Antwort, die dualistische Antwort und den Schöpfungsglauben. Paul Ricoeur hat in seiner »Symbolik des Bösen« diese drei Weltauslegungen wegweisend beschrieben.

2.1 Die monistische Antwort

kann man sich am Beispiel des akkadischen Weltschöpfungsepos Enuma Elisch (»Als droben«) vor Augen führen, das wahrscheinlich im 12./11.Jh. v. Chr. entstanden ist. Dieser Mythos legt die gegenwärtige Welt in der Form einer Weltentstehungsgeschichte aus, in der von der Entstehung der Götterwelt und der Menschenwelt erzählt wird.

Die grundlegende Antwort des Mythos auf die existentielle Frage nach der Herkunft der inneren Beschaffenheit dieser Welt besteht hier darin, dass Schöpfung Ordnungsstiftung bedeutet und dass daher die Ordnung als Ende und nicht als Anfang einer Entwicklung verstanden ist. In der Entstehung der Götterwelt entsteht zugleich auch die Ordnung: konkret durch den Sieg der späteren über die frühesten Mächte der Gottheit. Aus dem ambivalenten Ursprung geht sowohl das Böse und Monströse wie auch das späte Prinzip der Ordnung (Marduk) hervor. Gerade wegen der Ambivalenz und Unentschiedenheit muss der blinde Ursprung zerstört und überwunden werden. Denn im Chaos ist Leben unmöglich.

Das bedeutet bezüglich des Verständnisses von Gott und Welt: Das Böse, das Chaos, ist die Vergangenheit, das Gute, die Ordnung, ist die Zukunft des Seinsprozesses. Die Schöpfung ist die göttliche Überwindung des Unheils zum Heil und fällt daher mit der Erlösung zusammen. Zugleich ist die göttliche Schöpfertat, die trennt, bemisst, Ordnung und Lebensmöglichkeit schafft, eine Verbrechertat, die dem Leben der ältesten Götter, der Chaosgötter, ein Ende macht. Auch der Mensch wird aus einem Verbrechen geboren. Denn der Anführer der rebellischen Götter wird schuldig erklärt und getötet. Und aus seinem Blut wird der Mensch geschaffen, der jetzt die Aufgabe hat, die großen Götter stellvertretend für die besiegten Götter zu bedienen und zu ernähren. Das bedeutet für das menschliche Selbstverständnis zum einen: Der Mensch ist nicht Ursprung des Bösen; er findet das Böse immer schon vor und setzt es selbst fort. Zum anderen: Der Mensch partizipiert am Schöpfungsvorgang, an der Herstellung, Durchsetzung und Bewahrung der Ordnung.

2.2. Für den zweiten religiösen Antworttyp

kann der *orphische Mythos* als Beispiel dienen. Dieser Typ der Ursprungsmythen spaltet den Menschen auf in Seele und Leib und erzählt, wie die Seele, die göttlichen Ursprungs ist, Mensch wurde, wie der Leib, der dieser Seele eigentlich fremd und in vielerlei Hinsicht schlecht ist, dieser Seele verbunden wurde, und wie der Mensch die Vermischung dieser widerstrebenden Teile ist. Da die Seele nicht von hier ist, sondern von anderswo her kommt, göttlich ist, sich jedoch in diesem Leib, das heißt sich in der Verbannung befindet und nach Befreiung seufzt, ist der Mensch teils unsterblich, teils sterblich, teils gut, teils böse. In der Rückkehr der Seele zu ihrem göttlichen Ursprung besteht daher das Heil. Dieser Akt der Rückkehr ist die Erkenntnis. Erkenntnis ist Heil, weil Zu-sich-selbst-Erwachen der verbannten Seele. Hier ist z. T. sowohl die platonische und neuplatonische Philosophie grundgelegt wie auch die große Bewegung der antiken Gnosis fundiert. Ja selbst die großen indischen Religionen artikulieren sich mehr oder weniger im Rahmen dieses Grundmythos.

2.3 Für den dritten Antworttyp, den Schöpfungsglauben

stellt das deutlichste Beispiel die biblische Schöpfungs- und Sündenfallgeschichte in Gen 2-3 dar. Dieser Ursprungsmythos deutet das ambivalente Wesen der gegenwärtigen Welt in der Doppelform von Schöpfungsgeschichte und Sündenfallgeschichte, die

zwar zusammengelesen werden müssen, die aber gleichzeitig zwei ganz verschiedene Geschichten sind. Der Adamsmythos von Gen 3, die Sündenfallsgeschichte, ist im Unterschied zu den beiden anderen Schöpfungsmythen ein strikt anthropologischer Mythos, d.h. er führt den Ursprung des Bösen auf einen Vorfahren der gegenwärtigen Menschheit zurück und hält damit den Ursprung des Guten und den Ursprung des Bösen streng auseinander.
Sieht man sich die Struktur dieses Adamsmythos von Gen 3 etwas näher an, so enthüllt sich ein zweifacher Aspekt: Einmal versucht der Mythos alles Böse der Geschichte in einem einzigen Menschen, einem einzigen Akt zusammenzufassen. Dadurch wird das Sprunghafte und Irrationale des Übergangs betont. Zum anderen wird dieses Ereignis in ein ganzes Drama eingebettet, das Zeit braucht zum Ablauf, sich in einer Folge von Vorfällen entfaltet und mehrere Mitspieler einbezieht. Dadurch wird die Komplexheit und Schillerndheit des Vorgangs betont. Durch die Schilderung des Sündenfalls als Ereignis wird gesagt: Von jetzt an sind Größe und Schuld des Menschen unentrinnbar vermischt, aber so, dass beide Aspekte doch auch deutlich auseinandergehalten werden, so radikal und universal das Böse sich in der Geschichte erweist – es ist nicht unsere ursprüngliche Realität, es definiert nicht unser Mensch-Sein, es ist vielmehr kontingent, geschichtlich. Indem der Sündenfall in einer mythischen Geschichte erzählt wird, kann beides festgehalten werden: Die Radikalität und Universalität des Bösen und seine Kontingenz und Geschichtlichkeit.
Indem der Sündenfall als Drama der Versuchung erzählt wird, wird der Zwischenraum zwischen Unschuld und Schuld durch eine Art Taumel, durch eine Verstrickung und Versuchung ausgefüllt. Hier spielt gerade die Schlange eine beherrschende Rolle. Sie bringt nämlich diesen Taumel, dieses Verschwimmen der Konturen in Gang durch ihre Frage, die sich des Verbots bemächtigt und es in den Kontext des Zweifels stellt. Und dadurch wird, was bisher die heilsame Grenze zwischen Schöpfer und Geschöpf markiert hat, zum Verbot, das die Begierde weckt. Die Endlichkeit verliert ihr Wesen und wird zum Begehren nach Unendlichkeit, aber zu einer Unendlichkeit der Begierde, die ruhelos sich immer wieder neu alles bemächtigen will. Sobald die Grenze aufhört, das

Heil zu sein und Gott den Weg des Menschen durch seine Verbote zu versperren scheint, sucht der Mensch seine Freiheit in der Überschreitung der Grenze, im Bestreben, sich als Schöpfer seiner selbst zu erweisen und sich selbst ins Sein zu setzen. Fortan scheinen die Unendlichkeit der menschlichen Begierde und das immer Andere und immer Mehr die menschliche Wirklichkeit zu beseelen. Es bedarf daher eines erneuten, erlösenden Zugehens Gottes auf die Welt, einer Begegnung, die schließlich die Hoffnung auf die endgültige Vollendung der Welt aus sich entlassen wird. Der christliche Gottesglaube wird daher, wie das Glaubensbekenntnis zeigt, eine charakteristische trinitarische Struktur aufweisen. Er ist das Bekenntnis zum einen, aber in sich unterschiedenen Gott, zum Vater, dem schöpferischen Gott über uns, der Grund und Ziel der Welt ist, zum Sohn, dem erlösenden Gott mit uns, der auf dem Weg der Geschichte vorangeht und mitgeht, und zum Heiligen Geist, dem vollendenden Gott in uns, der uns innerlich erfüllt. So ist der christliche Schöpfungsglaube von Erlösung und Vollendung wohl zu unterscheiden, aber nicht zu trennen, und umgekehrt.
Was ist nun der besondere Beitrag des Schöpfungsglaubens? Lassen Sie mich das nun in zwei Grundsätzen etwas näher entfalten: 1. der christliche Schöpfungsglaube unterstreicht die welthafte Vermittlung aller Gegenwart Gottes (Sakramentalität der Welt und des Menschen), 2. der christliche Schöpfungsglaube stiftet Freiheit und Selbstannahme (Identität) des Menschen.

3. Die Welthaftigkeit der zeichenhaften Gegenwart Gottes (Sakramentalität der Welt)

In der religiösen Grunderfahrung der Menschheit gehören im religiösen Glauben bzw. in der religiösen Erfahrung immer zwei gegensätzliche Bestimmungsmerkmale zusammen:
1. das Göttliche, Heilige, Rettende, das wahre Sein, Leben und Wissen begegnet uns inmitten der Welt und Geschichte und vermittels der Welt und Geschichte – und anders könnte es auch gar nicht erfahren werden (weshalb eine gewisse Gemeinsamkeit von »Gott« und »Welt« vorausgesetzt ist).

2. das Göttliche, Heilige, Rettende, das wahre Sein, Leben und Wissen ist nicht die Welt, sonst wäre es auch nur eine weltliche Erfahrung (weshalb zugleich eine strikte Differenz von »Gott« und »Welt« vorausgesetzt ist).

Diese beiden gegensätzlichen Seiten gehören im religiösen Bewusstsein untrennbar zusammen; sie machen seine Besonderheit aus: Ohne irdisches, weltliches Zeichen und Zeugnis keine geschichtliche und weltliche Erscheinungsgestalt des Göttlichen in dieser vergänglichen Welt. Aber keine weltliche oder geschichtliche Erscheinungsgestalt ist das Göttliche selbst.

Deswegen hat jede Erscheinung des Göttlichen, Heiligen, Rettenden in der Welt notwendig Zeichencharakter; jede Offenbarung des Göttlichen durch Zeichen und Zeugnis ist zugleich dessen Verbergung und Verhüllung durch Zeichen und Zeugnis. Deswegen muss religiöser Glaube ein freier Auslegungsvorgang und Bezeugungsvorgang sein: ein freies Sich-Einlassen auf die Entzifferung der zeichenhaften Offenbarkeit und Verborgenheit des Göttlichen in der Welt.

Im christlichen Schöpfungsglauben ist dieser dialektische Charakter im Vergleich zu monistischen oder dualistischen Antworten in besonders starker Form zum Ausdruck gebracht. Einerseits führt er alles, was ist, auf Gott und sein Handeln zurück (die Welt als Schöpfung Gottes »aus nichts« kommt ganz und gar aus der Schöpferhand Gottes, stammt ganz und gar aus göttlichem Sein), andererseits behauptet er jedoch gleichzeitig eine unendliche Differenz zwischen absolutem, unendlichem Schöpfer und kontingentem, endlichem Geschöpf. Nun hat freilich das traditionelle christliche Verständnis des Schöpfungsgedankens die schöpferische Tätigkeit Gottes – in der Abgrenzung vom Pantheismus, für den Gott und Welt in eins fallen, – hauptsächlich nach der Analogie des Handwerkers, der etwas produziert, verstanden. Das »Aus nichts« betont dabei die Besonderheit und Einzigartigkeit des göttlichen Handelns. Mit dieser Analogie hebt der traditionelle Schöpfungsbegriff vor allem die Transzendenz Gottes hervor: Gott ist der Welt gegenüber der »ganz Andere«, der »Jenseitige«. Damit konnte der christliche Schöpfungsgedanke in eine nicht ungefährliche Wechselwirkung mit dem neuzeitlichen bürgerlich-deisti-

schen Gottes- und Weltverständnis treten. Was dabei zu kurz gekommen ist, was aber für den biblischen Schöpfungsglauben noch selbstverständlich ist, ist die Gemeinsamkeit von Gott und Welt, die Immanenz Gottes im Geschöpf. Natürlich wusste man immer schon, dass die Unterscheidung von Gott und Welt und die damit verbundene Rede von einem Wirken Gottes nach außen, nicht meinen kann, dass zwischen Gott und Welt etwas ist. Gott ist vielmehr im Geschöpf gegenwärtig. Gott ist der Ort des Geschöpfs, weil es außerhalb Gottes, der das Ein und Alles ist, nichts geben kann. Aber faktisch hat man die Transzendenz betont und die Immanenz in den Hintergrund treten lassen, weil man, wie gesagt, Angst vor dem Pantheismus hatte.
In der heutigen Theologie gibt es eine ganze Reihe von Versuchen, die vollständige Gestalt des christlichen Schöpfungsglaubens gegenüber seiner neuzeitlich-traditionellen Verdünnung und Verfremdung wiederzugewinnen und deswegen die Immanenz Gottes in gleicher Entschiedenheit zum Ausdruck kommen zu lassen wie seine Transzendenz. Ein gutes Beispiel bietet etwa die »Philosophische Gotteslehre« von Béla Weissmahr. Wenn menschliche Selbst- und Welterfahrung und Gotteserfahrung sich wechselseitig auslegen, dann muss in der Tat die ganze Breite menschlichen Handelns als Verstehensmodell für göttliches Handeln und Schaffen ins Auge gefasst werden. Zum menschlichen Handeln gehört nun nicht nur ein nach außen gerichtetes Handeln, z. B. das Etwas-Herstellen, das Etwas-Neues-Schaffen, sondern auch ein inneres Handeln, der Selbstvollzug nämlich, wie er z.B. im Atmen, Wachsen, Sich-Entfalten, Leben geschieht. Beide Handlungsweisen bedingen einander, mindestens beeinflussen sie einander. Ohne eine immanente Tätigkeit (Selbstvollzug) gibt es kein nach außen gerichtetes Wirken. Umgekehrt wird jedes von einem tätigen Subjekt ausgehendes Wirken nach außen Rückwirkungen auf das handelnde Subjekt haben. Endlich Seiende können nie nur immanent handeln, sich auf ihren Selbstvollzug beschränken. Sie können nur existieren und sich vervollkommnen im Rahmen eines nach außen gerichteten Handelns (Arbeit). Gott dagegen, das absolute Sein, ist zugleich absolutes Wirken, reine Dynamik, reine immanente Tätigkeit (actus purus). Deswegen ist Gottes schöpferische Tätigkeit

auch in erster Linie eine immanente Tätigkeit. Ein Wirken nach außen ist sie nur, insofern sich ihr Ergebnis, das Geschöpf, sich von Gott aufgrund der eigenen Unvollkommenheit als auch seiner von Gott empfangenen Vollkommenheit unterscheidet. Ein von hier ausgehender Schöpfungsbegriff würde die Einheit von Gott und Welt von Anfang an miteinbeziehen.

Natürlich droht man im monistischen Pantheismus zu landen, wenn man Schöpfung ganz ungebrochen nach dem Modell des Selbstvollzugs versteht. Aber ungebrochen konnte ja auch schon das Handwerker-Modell nicht benützt werden, um die Transzendenz Gottes und die Unterscheidung von Gott und Welt zum Ausdruck zu bringen. Wie man dort das »Aus nichts« einfügen musste, um die Besonderheit des göttlichen Schaffens gegenüber allen menschlichen Hervorbringungen zum Ausdruck zu bringen, so muss man nun beim Selbstvollzug-Modell, das die Einheit von Gott und Welt im Schöpfungsglauben festhalten soll, eine Einschränkung anbringen, um den Unterschied zwischen dem Selbstwerden des Menschen und dem Selbstvollzug Gottes nicht zu vergessen. Man darf die Schöpfungstat als »Selbstvollzug« Gottes, als »Werden Gottes« auffassen, wenn damit keinerlei Bedürftigkeit, keinerlei Unvollständigkeit verbunden ist. Dann ist dieses Werden kein notwendiges Werden, sondern frei; dann gewinnt Gott durch dieses Werden nichts hinzu, ist dieses Werden keine Modifikation Gottes, sondern ein Werden Gottes gegenüber Anderen, ein Entstehen des von Gott Verschiedenen. Die Produktivität muss daher eine schenkende sein: sich selbst vollziehend, sich selbst mitteilend, darin das Andere als Eigenständiges hervorbringend. Nur die absolute Liebe, Freiheit und Allmacht, können schöpferisch im vollen Sinn des Wortes sein: etwas Eigenständiges, Neues schaffen, ohne sich zu verlieren, ohne sich zu gewinnen, ohne etwas dazu zu benötigen. Genau in diesem Sinn ist der erste Artikel des christlichen Glaubensbekenntnisses, der Glaube an den allmächtigen Schöpfergott, zu verstehen.

Geschaffensein meint daher Teilhaben am Sein Gottes, aber eben nicht auf göttliche, sondern auf geschöpflich eigenständige Weise. Jedes Seiende ist daher in jeweils verschiedenartiger beschränkter Weise ein Abbild, ein Heilszeichen des göttlichen Seins. Der

Mensch ist, wie schon der erste Schöpfungsbericht in der Bibel hervorhebt, ein besonderes Abbild Gottes. Er kann in besonderer Weise schöpferisch handeln, weil er in besonderer Weise am schöpferischen Handeln Gottes teilhat. Damit hat er auch eine besondere Verantwortung für die übrige Schöpfung. Der Mensch als besonderes Ebenbild Gottes hat daher in seinem Schaffen dem Urbild des göttlichen Schaffens zu entsprechen, das zugleich die Nähe der Geborgenheit, der unbedingten Fürsorge, des festen Haltes und die Ferne der Selbstrücknahme und des Respekts vor der Freiheit und Autonomie des Anderen (der anderen Menschen, der Tiere und der Natur überhaupt) einschließt. Dann aber wird sowohl im schöpferischen Handeln des Menschen als auch im Lauf der Welt das Schöpfungshandeln Gottes zeichenhaft sichtbar und erfahrbar. Gott hat die Welt nicht irgendwann einmal geschaffen, sondern er hält Welt und Mensch ständig im Sein und entlässt sie ständig in ihr Selbstsein. Die Welt ist ständiges Geschaffensein und Geschaffenwerden. Wirklichsein der Welt ist das immer neue und immer erneuernde Sich-wirksam-Erweisen einer Tätigkeit der Gottheit. Religiös und christlich gesehen ist die Welt »Wirklichkeit« im Sinne des Am-Werk-Seins der Gottheit, das die Welt nach ihren Gesetzen geschehen und den Menschen in eigener Freiheit handeln lässt. Dies soll nun in einem zweiten Grundsatz noch weiter ausgeführt werden.

4. Der Schöpfungsglaube stiftet Freiheit und Selbstannahme (Identität) des Menschen

Lassen Sie mich hier mit einer Erfahrung beginnen, die besonders deutlich im Rahmen der Familientherapie (H. Stierlin) herausgearbeitet worden ist. Dort hat sich unübersehbar gezeigt, was auch in unser aller Erfahrung immer wieder begegnet, dass nämlich die Individuation, das Erwachsen- und Selbstwerden des Kindes nur gelingt, wenn zwei gegensätzliche Bedingungen dialektisch miteinander verbunden werden: nämlich Bindung und Freiheit, Gemeinsamkeit und Besonderheit, Beheimatung und Trennung. Jedes Kind muss, wenn es nicht seelisch krank werden soll, eine wahrhaft paradoxe Aufgabe bewältigen, einerseits sich in einer festen und verlässlichen Welt, in der Liebe und Geborgenheit der Eltern, beheimaten können, andererseits aber auch diese Welt in eine selbstmitzugestaltende Welt hinein überschreiten. Das gleiche gilt für die Eltern, die für ihr Kind der Lebensraum sind, in dem sie sich entfalten können. Auf der einen Seite müssen sie, sozusagen als Repräsentanten der Wirklichkeit, der Liebe, der Wahrheit und Ordnung, ihrem Kind autoritativ eine feste Welt zur Verfügung stellen, in die dieses fraglos hineinwachsen kann. Auf der anderen Seite müssen sie sich jedoch auch so zurücknehmen, dass sie dem Kind einen eigenen Lebensraum eröffnen und es in die eigene Freiheit und Verantwortung entlassen können. Das Selbstwerden des Kindes misslingt zwangsläufig, wo die Eltern nur nahe sind, d.h., das Kind mit ihrer Fürsorge und Liebe erdrücken, und wo sie nur ferne sind, d. h., dem Kind die Orientierung und Geborgenheit verweigern. Deswegen ist Erwachsenwerden auch so schwierig, deswegen misslingt es auch so häufig.

Wenn es eine Entsprechung gibt zwischen der Art und Weise wie die Menschen sich selbst und ihre Welt und wie sie ihren Gott verstehen, dann kann uns diese Erfahrung des gelungenen oder misslungenen Selbstwerdens zum Zeichen und Hinweis auf das wahre Menschwerden und Selbstwerden, das für die Gläubigen in der Beziehung zu Gott gründet, werden. Dann auch können die biblischen Zeugnisse der Gotteserfahrung umgekehrt das, was konkret in unserem Leben geschieht, auf ihre »sakramentale« Bedeutung hin durchsichtig machen.

Es ist ja gerade auch der Schöpfungsglaube, der das Verhältnis zwischen Gott und Welt in einem analogen dialektischen Verhältnis sieht. Auf der einen Seite ist die Welt als Geschöpf Gottes nichts in sich selbst. Ihr ganzes Sein gründet im Wirken Gottes. Ohne das ständige Gehaltensein würde sie in das Nichts zurückfallen. Die gleiche Grunderfahrung auch im Selbstverständnis des Gläubigen: Ohne die Nähe Gottes kann er nicht leben. Gott ist sein Ein und Alles, sein Leben, seine Wahrheit und sein Sinn. Glaube im hebräischen Verständnis hat daher ausdrücklich mit einem Sich-verlassen-Können auf das einzig Verlässliche, mit dem Bauen auf die Treue Gottes, mit dem Einen-festen-Stand-Haben in dem, der der

Grund schlechthin ist, zu tun. Auf der anderen Seite aber heißt Schöpfung, dass Gott die Welt in ihre geschöpfliche Selbständigkeit freigegeben und losgelassen hat, und zwar so radikal, dass die Welt und der Mensch sich nicht nur nach eigenen Gesetzen entwickeln können, sondern sich sogar von Gott abwenden können. Die prophetische Verkündigung zum Beispiel ist voll davon, die freie Verantwortung Israels im Bund mit seinem Gott zur Geltung zu bringen. Im Verhältnis von Schöpfer und Geschöpf ist also als das Verhältnis zwischen Gott und Welt zutiefst ein Freiheitsverhältnis. Und es ist, ähnlich wie im Eltern-Kind-Verhältnis, gerade diese Dialektik von Freiheit und Bindung, die die Welt und den Menschen wahrhaft leben lässt. Und es ist gerade die durch welthafte Zeichen vermittelte Gegenwärtigkeit Gottes in der Welt, die diese Freiheit des Menschen ermöglicht und sichert. Denn im welthaften Zeichen ist Gott dem Menschen sowohl so erfahrbar, so offenbar und nahe, dass der Mensch in der Gemeinschaft mit seinem Lebensgrund leben kann, als auch zugleich so im welthaften Zeichen verborgen und ferne, dass der Mensch leben kann, weil er dadurch einen eigenen Lebensraum erhält. Wäre Gottes Allmacht unverhüllt nahe, würde er das Geschöpf durch seine Unendlichkeit erdrücken und aufsaugen, wäre Gott nur fern, könnte das Geschöpf, das nicht aus sich heraus zu leben vermag, ebenfalls nicht leben.

Der dänische Religionsphilosoph Sören Kierkegaard hat in seiner Religionsphilosophie diese Schwierigkeit, Mensch zu sein bzw. ein Selbst zu werden, ebenfalls mit dem Schöpfungsglauben in Verbindung gebracht. Er macht darauf aufmerksam, dass die Schwierigkeit vor allem damit zusammenhängt, dass sich das Menschsein aus gegensätzlichen Wesenseigenschaften zusammensetzt: mindestens aus der Notwendigkeit und der Möglichkeit, und aus der Endlichkeit und der Unendlichkeit. In vielem ist unser Leben vorgegeben, von der Familie, in der wir aufgewachsen sind, bis zu den genetischen Voraussetzungen (Notwendigkeit), in vielem ist unser Leben aber auch Resultat unseres Wollens, Handelns und Hoffens (Möglichkeit). In vielem sind wir Teil der vergänglichen und beschränkten irdischen Welt (Endlichkeit), in vielem erfahren wir aber auch eine Tiefendimension in uns, die eine unendliche

Herkunft verrät (Unendlichkeit). Zum Wesen des Menschen gehört also, dass er aus Gegensätzen zusammengesetzt ist. Ein Selbst wird der Mensch folglich nur dann, wenn es ihm gelingt, diese Gegensätze in eine Synthese zusammenzubringen. Nur dann vollzieht er seine Freiheit, die er ist. Wäre der Mensch nur Endlichkeit (reine Leiblichkeit), wäre er wie ein Stein, eine Blume oder ein Tier einfach mit sich selbst identisch und durch sich selbst bestimmt; er hätte kein reflektiertes Verhältnis zu sich selbst. Wäre er nur Unendlichkeit (reiner Geist), so wäre in ihm wie in Gott seine Freiheit identisch mit seinem Wesen und er gehorsam nur sich selbst. Aber weil er zwischen beiden ausgespannt ist, deshalb gibt es in ihm Verantwortlichkeit und Fehlbarkeit, eben menschliche Freiheit.

Diese Würde ist zugleich die Bürde des Menschen. Denn weil sich Freiheit und Selbstwerdung als Synthese von Gegensätzen und wie auf des Messers Schneide abspielen, sind sie notwendig mit Angst verbunden. Deshalb wird immer wieder der Versuch unternommen, sein Selbst und seine Freiheit aufzugeben und sich in die anderen oder in die Natur hinein aufzuheben. Diese Ausflucht ist nach den Strukturmerkmalen des menschlichen Daseins auf vier verschiedene Weisen möglich. Statt sich selbst zu finden in der Vereinigung der Gegensätze kann die Angst vor der Freiheit dazu führen, dass man den einen Spannungspol flieht und den entgegengesetzten verabsolutiert. Jede dieser Ausflüchte führt zu einem Missverhältnis zu sich selbst und zu einem Verfehlen der Wirklichkeit und daher zu einer abgrundtiefen Verzweiflung. Diese anthropologische Einsicht ist auch für Kierkegaard letztlich nur theologisch voll verständlich: Der Mensch ist so, weil er ein Geschöpf ist.

Deswegen ist das Selbstwerden als Aufgabe aufgegeben, deswegen ist aber *gelingendes Menschsein an den gelingenden Gottesbezug gebunden*. Nur wer bereit ist, sich als Geschöpf zu verstehen, d.h. sich in seiner ganzen Existenz Gott, dem Schöpfer zu verdanken, der kann zu sich selbst als einem geschaffenen, nichtnotwendigen Mischwesen aus Zeit und Ewigkeit, Notwendigkeit und Freiheit in eine Beziehung der Selbstannahme und Selbstbejahung kommen. Nur dieser vermag seine kreatürliche Kontingenz und seine unberechtigte Existenz zu bejahen, weil sie gerechtfertigt ist in der Erschaffung durch Gott. Wer sich aber von Gott abwendet, verliert sich notwendig zugleich selbst. Wer Gott verneint, verneint sich selbst. Wer sich aber selbst verneint, der muss verzweifeln. Fern von Gott bleibt nichts anderes übrig, als sich verzweifelt an eines der Gegensatzpaare zu klammern und einen seiner Daseinsaspekte zu verabsolutieren. Dadurch gerät er nur noch tiefer in das Missverhältnis zu sich selbst. Letztlich bleibt dem Geschöpf fern vom Schöpfer also nur die Alternative von Selbstvergötterung und Selbstverachtung. Rechtes und gerettetes Menschsein ist daher nur im Glauben an Gott und im Selbstverständnis als Geschöpf möglich.

Lassen Sie mich das zum Abschluss an einem Beispiel noch etwas konkretisieren, an einem Routinehandeln, das jeder kennt und das der Religionssoziologe Peter L. Berger in seinem Buch »Auf den Spuren der Engel« folgendermaßen als Zeichen der Transzendenz ausgelegt hat: »Das Kind erwacht – vielleicht aus schweren Träumen – und findet sich allein, von nächtlicher Dunkelheit umgeben, namenloser Angst ausgeliefert. Die vertrauten Umrisse der Wirklichkeit sind verwischt, ja unsichtbar. Chaos will hereinbrechen. Das Kind schreit nach der Mutter. In einem solchen Augenblick ist der Ruf nach der Mutter, ohne Übertreibung, der Ruf nach einer Hohepriesterin der Ordnung. Die Mutter – und vielleicht nur sie – hat die Macht, das Chaos zu bannen und die Welt in ihrer Wohlgestalt wiederherzustellen. Genau das tut eine Mutter. Sie nimmt das Kind in den Arm und wiegt es in der zeitlosen Gebärde der magna mater, (die unsere Madonna geworden ist). Sie zündet ein Licht an, und warmer, Sicherheit verheißender Schein umgibt sie und ihr Kind. Sie spricht zu ihrem Kind, sie singt ihm ein Schlummerlied. Und der Grundtenor ist auf der ganzen Welt immer und immer derselbe: ›Hab‹ keine Angst! alles ist in Ordnung; alles ist wieder gut'. Das Kind schluchzt vielleicht noch ein paar Mal auf und gibt sich allmählich zufrieden. Sein Vertrauen zur Wirklichkeit ist zurückgewonnen und in diesem Vertrauen kann es wieder einschlafen. Dergleichen gehört zur Routine des Alltags und bedarf natürlich keiner artikulierten religiösen Grundlage. Aber gerade dass es so gewöhnlich ist, wirft die keineswegs gewöhnliche Frage auf – eine Frage, die unmittelbar in eine religiöse Dimension reicht:

Belügt die Mutter das Kind? Nur wenn ein religiöses Verständnis des menschlichen Daseins Wahrheit enthält, kann die Antwort aus vollem Herzen ›Nein‹ lauten. Ist dagegen umgekehrt das ›Natürliche‹ die einzige Wirklichkeit, so lügt die Mutter. Sie lügt zwar aus Liebe, und deshalb lügt sie auch wieder nicht. Nimmt man sie jedoch statt bei der Liebe beim Worte und analysiert es radikal, so ist, was sie sagt, eine Lüge. Warum? Weil der Trost, den sie gibt, über sie und ihr Kind, über die Zufälligkeit der Personen und der Situation hinausreicht und eine Behauptung über Wirklichkeit als solche enthält. Elternwerden heißt die Rolle von Welterbauern und Weltschützern annehmen. Ganz offen tritt das darin zutage, dass die Eltern jene Umgebung schaffen, in der die Sozialisation des Kindes stattfindet. Insofern sind sie für ihr Kind die Vermittler der Gesellschaft, zu der es gehört. Welterbauer und Weltschützer sind sie jedoch auch in einem noch tieferen Sinne, der sich in der soeben beschriebenen Szene so einfach wie geheimnisvoll zu erkennen gibt. Die Rolle, die Eltern ihrem Kinde gegenüber annehmen, ist die von Repräsentanten nicht nur irgendeiner Gesellschaftsordnung, sondern von Ordnung als solcher, jener Grundordnung (oder Regel) der Welt (oder des Universums), so dass unser Vertrauen einen Sinn hat (oder sinnhaft ist). Diese Rolle ist es, die Eltern zu Hohepriestern macht. Die Mutter in unserer Szene spielt diese Rolle, einerlei, ob sie ihrer gewahr ist (wahrscheinlich ist sie es nicht), ohne dass sie weiß, dass und was sie repräsentiert. ›Alles ist in Ordnung; alles ist wieder gut‹ – das ist die Grundformel mütterlichen, elterlichen Trostes. Nicht nur diese eine Angst, dieser eine Schmerz – nein, alles ist in Ordnung. Man kann die Formel, ohne sie in irgendeiner Weise anzutasten, in eine kosmische Aussage übersetzen: ›Vertraue dem Sein.‹ Genau das ist das Eigentliche, das der Formel innewohnt. Wenn wir den Kinderpsychologen Glauben schenken (und in diesem Falle haben wir besonderen Anlass, es zu tun), so handelt es sich bei unserer Szene und ihrer tieferen Bedeutung um eine Erfahrung, die für den Prozess der Personwerdung absolut unerlässlich ist. Anders ausgedrückt: im Mittelpunkt der Menschwerdung, im innersten Kern der Humanitas steckt ein Erlebnis des Vertrauens in die Wirklichkeit der Ordnung bzw. die Ordnung der Wirklichkeit«. (Berger 1981, 65–67)

Es ist gerade auch das Schöpfungsbekenntnis, das diese menschliche Grunderfahrung nicht nur auslegt, sondern auch abstützt, pflegt und vermittelt. In diesem Sinn ist der Schöpfungsglaube nicht nur ein konstitutiver Teil des christlichen Glaubensbekenntnisses, sondern auch ein wichtiges Heilsangebot an die heutige Menschheit zur Rettung des wahren Menschseins des Menschen und des wahren Weltseins der Welt.

Literatur

Ahn, Gregor u.a. Schöpfer/Schöpfung, in: Theologische Realenzyklopädie, Bd. 30, 1999, 250–355.

Berger, Peter L., Auf den Spuren der Engel. Die moderne Gesellschaft und die Wiederentdeckung der Transzendenz (Fischer Taschenbuch 6625), Frankfurt a. M. 1981 (1969).

Courth, Franz, Gott, Mensch, Welt. Was sagt christlicher Schöpfungsglaube? Leitfaden zur Schöpfungslehre, St. Ottilien 1996.

Ganoczy, Alexandre, Schöpfungslehre, in: Wolfgang Beinert (Hg.), Glaubenszugänge. Lehrbuch der Katholischen Dogmatik, Bd. 1, Paderborn 1995, 363–495.

Groethuysen, Bernhard, Die Entstehung der bürgerlichen Welt- und Lebensanschauung in Frankreich, Bd. 1–2 (Suhrkamp-Taschenbuch Wissenschaft 256), Frankfurt a. M. 1978 (1927).

Kraus, Georg, Grundrisse der Dogmatik, Bd.2: Welt und Mensch. Lehrbuch zur Schöpfungslehre, Frankfurt a. M. 1997.

Link, Christian, Schöpfung. Teil 2: Schöpfungstheologie angesichts der Herausforderungen des 20 Jahrhunderts (Handbuch Systematischer Theologie 7), Gütersloh 1991.

Moltmann, Jürgen, Gott in der Schöpfung. Ökologische Schöpfungslehre, München 4. Aufl. 1993 (1985).

Pannenberg, Wolfhart, Systematische Theologie , Bd. 2, Göttingen 1991, 15-314.

Ricoeur, Paul, Symbolik des Bösen: Phänomenologie der Schuld II, Freiburg, München 1971 (1960).

Sattler, Dorothea und Schneider, Theodor, Schöpfungslehre, in: Theodor Schneider (Hg.), Handbuch der Dogmatik, Bd. 1, Düsseldorf 2. Aufl. 1995, 120–238.

Schaeffler, Richard, Religion und kritisches Bewusstsein (Alber-Broschur Philosophie), Freiburg, München 1973.

Stierlin, Helm, Individuation und Familie. Studien zur Theorie und therapeutischen Praxis, Frankfurt a. M. 1989.

Weissmahr, Béla, Philosophische Gotteslehre. Grundkurs Philosophie 5 (Urban-Taschenbücher/Kohlhammer Taschenbücher 349), Stuttgart u.a. 1983.

Jesus Christus – wahrer Mensch und wahrer Gott

REINER ANSELM

Warum christlich glauben? Schon seit geraumer Zeit liefern Umfragen über die religiöse Einstellung der Deutschen dasselbe Ergebnis: Während der Anteil derer, die sich selbst als »religiös« bezeichnen, nahezu konstant bleibt, ist die Zustimmung zu explizit christlichen Glaubensinhalten rückläufig. Von dieser Entwicklung kann man sich leicht selbst überzeugen. Ein Blick in den entsprechenden Abteilungen der großen Buchhandlungen genügt. Explizit christliche Literatur ist hier kaum mehr vertreten, es sei denn, es handelt sich um christentums*kritische* Autoren wie Lüdemann, Deschner oder Drewermann. Dagegen findet sich dort eine nur noch schwer überschaubare Anzahl von religiösem Schrifttum jedweder Couleur, von der Einführung in den Hinduismus über die Anwendung des Mondkalenders im Alltag bis hin zu Handbüchern über das Pendeln. Religion boomt – aber warum christlich glauben?

Eine überzeugende, plausible Antwort auf diese Frage kann nur finden, wer sich mit der gegenwärtigen Lage der Religion auseinandersetzt. Darum ist es wenig hilfreich und auch nicht sachgemäß, in polemisch-apologetischer Manier die Konturen der neuen Religiosität einfach als Rückfall in ein postchristliches Heidentum zurückzuweisen. Vielmehr gilt es, die Strukturen dieser Hinwendung zu anderen religiösen Bewegungen zu analysieren und die Anfragen an das Christentum ernst zu nehmen, die darin zum Ausdruck kommen. Denn Jesus Christus kann nur dann als Erlöser vermittelt und geglaubt werden, wenn es gelingt, ihn als *meinen* Erlöser zu verstehen. Tradition des Christentums und die Situation heutiger Menschen müssen miteinander ins Gespräch gebracht werden und sich gegenseitig auslegen. Einen solchen, an das theologische Programm Paul Tillichs anknüpfenden Versuch möchte ich hier vorstellen. Dabei lautet die These, die ich im folgenden weiter erläutern möchte: Das gegenwärtige Interesse an Religion und der christliche Glaube bilden keinen Gegensatz. Das Christentum ist selbst diejenige Form der Religion, die den Bedürfnissen, die hinter der neuen Religiosität stehen, in besonderem Maße gerecht zu werden vermag. Doch welche Sehnsucht und welche Hoffnung verbinden sich gegenwärtig mit Religion, welche Heilserwartungen werden an die verschiedenen religiösen Praktiken herangetragen?

Religion in der Moderne: Umgang mit den Grenzen der Rationalität

Wie Religion überhaupt, so sind auch die gegenwärtig so hoch im Kurs stehenden neuen religiösen Bewegungen von dem Interesse geleitet, die Erfahrung eigener Endlichkeit zu verarbeiten. Religion vermittelt Sicherheit, indem sie das einzelne Schicksal in einen größeren, in einen allumfassenden Sinnzusammenhang einordnet. Gegenüber einer vorrangig durch die christlichen Konfessionen geprägten Religiosität ist mit Blick auf die derzeit hoch im Kurs stehenden, neuen Religionsformen eine signifikante Akzentverschiebung festzustellen. Diese siedeln sich in der Regel *nicht* an den Orten an, an denen christliche Religions- und Frömmigkeitspraxis in erster Linie die Erfahrung menschlicher Endlichkeit zu verarbeiten suchte, nämlich an den Grenzerfahrungen des Lebens wie Geburt und Tod. Vielmehr scheint die besondere Herausforderung an das Christentum darin zu bestehen, dass die neuen Religionen sehr feinfühlig auf die Stimmungslage moderner Gesellschaften reagieren, in denen die Erfahrungen von Leid und Tod, von physischer Abhängigkeit eher an den Rand gedrängt werden. An ihre Stelle treten das Gefühl und das Bewusstsein von Ambivalenzen der modernen Kultur und die Grenzen der Rationalität. Derselbe Grund dürfte auch für den ungebrochenen Zulauf zu den anderen, außerchristlichen Hochreligionen verantwortlich sein. Deren Attraktivität resultiert vorrangig aus ihrer Opposition gegen die westlich-rationale Kultur, ein Sachverhalt, der seine Entspre-

chung innerhalb des Christentums in der weltweit wachsenden Bedeutung der fundamentalistischen Denominationen und Gruppierungen findet. Damit aber nötigt das Auftreten der neuen religiösen Bewegungen zugleich zu einer Neubestimmung des Verhältnisses von Religion und Moderne. Die moderne Kultur ist keineswegs säkular, sondern nach wie vor tief religiös geprägt. Allerdings haben sich Stellenwert und Funktion der Religion nachhaltig gewandelt.
Diese Verschiebung resultiert aus dem Janusgesicht der Moderne. Unbestritten hat die Moderne durch die Ausprägung der technisch-wissenschaftlichen Rationalität zu einem enormen Zugewinn an individuellen Freiheiten geführt. Die Verbesserung der Lebensverhältnisse durch den technischen und medizinischen Fortschritt, die Vergrößerung der Entscheidungsspielräume, und, mit beidem einhergehend, die Auflösung traditionaler Bindungen und Lebensentwürfe sind jedoch ambivalent. Sie bergen Freiheiten und Entwicklungsmöglichkeiten. Zugleich aber bringen sie es mit sich, dass immer mehr Bereiche der Lebensführung nach rationalen Maßstäben vom einzelnen Menschen selbst entschieden und verantwortet werden müssen. Da diese Entscheidungssituation von jedem Einzelnen verlangt, Chancen und Risiken stets neu zu kalkulieren und auch für die Folgen des eigenen Lebensentwurfs selbst einzustehen, hat Ulrich Beck hier treffend von der »Risikogesellschaft« gesprochen. In ihr verschieben sich die Anforderungen an die Religion. Hatte sie früher vorrangig die Grenzen, die dem Menschen durch die Natur gesetzt waren, zu reflektieren, besteht ihre Aufgabe nun darin, die Erfahrung zu verarbeiten, dass die Reichweite rationaler Entscheidungen begrenzt ist und zudem der technisch-wissenschaftliche Fortschritt nicht nur Befreiungen, sondern auch neue Bedrohungen und Probleme mit sich bringt.
Die religiösen Praktiken, die in diesem Klima entstehen, versuchen die Grenzerfahrungen der technisch-rationalisierten Risikogesellschaft zu verarbeiten, in dem sie ihrerseits auf bewusst kontrarationale Ideale und Ordnungsmodelle setzen. Diese Struktur liefert zugleich einen Anhaltspunkt, der erklären kann, warum evangelische Christen eher den neuen Religionen zuneigen als Katholiken; hier wirkt offenbar nach, dass sich gerade der Protestantismus als

»denkende Religion« (A. v. Harnack) zu profilieren suchte und dabei das Bündnis mit Moderne und abendländischer Rationalität suchte. Zudem wird deutlich, dass die von August Comte herkommende Religionskritik im Namen von Fortschritt und Vernunft nicht nur an den »handlungssinntranszendenten Daseinskontingenzen« (H. Lübbe) wie Geburt und Tod ihre Grenzen finden musste, sondern eben auch an den Abgründen und Ambivalenzen des rational-technischen Fortschritts selbst. Die bleibende Bedeutung der Religion auch unter den Bedingungen der Moderne resultiert nicht allein daraus, dass es Bereiche des Lebens gibt, die sich – wie Geburt und Tod – konstitutiv zweckrationalen menschlichen Handlungsmöglichkeiten entziehen, dass es also einen konstanten Bereich menschlicher Existenz gibt, der sich technisch-wissenschaftlicher Kontrolle entzieht. Der Ort der Religion in der Moderne ist kein Reservat *an den physischen Grenzen* menschlicher Existenz, wie das vor allem die Vertreter der funktionalen Religionstheorie herausgestellt haben. Vielmehr schöpft die Religion in der Moderne ihre Kraft aus der durch Aufklärung und Technisierung selbst hervorgerufenen Skepsis an den Möglichkeiten menschlicher Vernunft. Aufklärung, so ließe sich überspitzt formulieren, führt so selbst zur Religion.

Das einsame Ich und die Gemeinschaft der Gläubigen

Moderne vereinzelt. Wenn Lebensentwürfe sich eigener Entscheidung verdanken und die Ligaturen gemeinsamer Traditionen verblassen, entsteht eine Vielzahl individueller Sinnbildungen und Orientierungsmuster. Plastisch formulieren Ulrich Beck und Elisabeth Beck-Gernsheim: »Man nehme, was man will: Gott, Natur, Wahrheit, Wissenschaft, Technologie, Moral, Liebe, Ehe – die Moderne verwandelt alles in ›riskante Freiheiten‹. Alle Metaphysik, alle Transzendenz, alle Notwendigkeit und Sicherheit wird durch Artistik ersetzt. Wir werden – im Allgemeinsten und im Privatesten – zu Artisten in der Zirkuskuppel: ratlos. Und viele stürzen ab«[1]. Diese Diagnose wird neben der Rationalismuskritik zum zweiten Standbein der zeitgenössischen Religiosität. Denn die

Religion vermag es, den Einzelnen in einen größeren Sinnzusammenhang einzuordnen. Die Wiederentdeckung einer im einzelnen äußerst diffusen und widersprüchlichen Naturfrömmigkeit, die die weibliche Symbolik von »Mutter Erde« ebenso aufnimmt wie antike und romantische Kosmos- bzw. Organismusvorstellungen, ist dafür das beste Beispiel; sie erhält zusätzliche Plausibilität, weil die Erfahrung der »Risikogesellschaft« in besonderem Maße mit der der ökologischen Krise zusammenhängt.

Anfragen an das Christentum

In beidem – der Rationalismuskritik und dem Versuch, die Folgen der Individualisierung zu kompensieren – stellen die neuen religiösen Bewegungen ohne Zweifel ein Erbe des Christentums und insbesondere des Protestantismus dar, der im Bündnis mit der Aufklärung, aber noch in seiner Rezeption der klassischen Religionskritik des 19. Jahrhunderts, die Rationalisierung und damit auch die »Entzauberung der Welt« (Max Weber) selbst befördert hat. Ebensowenig fehlt es an Bemühungen in der Theologie, einen Ausgleich zwischen moderner Rationalität und christlichem Glauben zu schaffen. Von der Vernunftreligion der Aufklärungstheologen über Kants »Religion innerhalb der Grenzen der bloßen Vernunft« bis hin zu Dietrich Bonhoeffers »religionslosem Christentum«, Rudolf Bultmanns »Entmythologisierungsthese« oder Wolfhart Pannenbergs »Systematischer Theologie« lassen sich zahlreiche Beispiele für die »Rationalisierung der Religion« gerade bei evangelischen Theologen finden. Wenn nun die neuen religiösen Bewegungen gerade gegen den neuzeitlichen Geist von Rationalität und Individualisierung opponieren, stellt dies eben auch eine gewichtige Anfrage an das Christentum dar, das selbst als Motor der kritisierten Modernisierung fungierte.
Die Kompatibilität von Denken und Glauben zu erweisen, darin lag das große und anspruchsvolle Ziel aller philosophischen Theologie des 19. und auch des 20. Jahrhunderts. Angestoßen von den Vorwürfen der Aufklärungstheoretiker, die die Religion als Relikt

einer überwundenen oder zumindest einer zu überwindenden Epoche der Menschheitsentwicklung charakterisierten, bemühte sich eine einflussreiche Linie der protestantischen Theologie, dem Christentum einer der modernen Denkungsart verträgliche Fassung zu geben. Mit Erfolg, denn die Amalgamierung von evangelischem Christentum und Moderne ließ den Protestantismus zur Leitkultur des 19. Jahrhunderts, insbesondere des deutschen Kaiserreiches werden. Theologische und philosophische Ahnherren dieser Richtung waren zwei Protestanten, deren Verankerung in der christlichen Frömmigkeit außer Frage stand: Der pietistisch erzogene Königsberger Philosoph Immanuel Kant und der durch die Herrenhuter Brüdergemeinde ebenfalls pietistisch sozialisierte Friedrich Schleiermacher. Beide wollten Glauben und Denken nicht auseinander dividieren, sondern miteinander versöhnen.
Unsere heutige Situation hat sich gegenüber diesen Versuchen einer modernen, den Zeitumständen entsprechenden und gleichzeitig Perspektiven eröffnenden Theologie allerdings nachhaltig verändert. Schleiermachers bange Frage, ob denn das Christentum sich fortan mit der Barbarei, die Wissenschaft mit dem Unglauben verbinden würde, hat, aus dieser Perspektive betrachtet, eine überraschende Wendung genommen: Nicht die Opposition, sondern gerade das Bündnis mit Aufklärung und Wissenschaft scheint es heute zu sein, das insbesondere dem protestantischen Christentum Probleme bereitet und seine gesellschaftliche Relevanz in Frage stellt. Dennoch: die Auseinandersetzung mit den vielfältigen, neuen religiösen Angeboten der Gegenwart stellt eben nicht nur eine Anfrage und eine Bedrohung für die Kirchen dar, auch ist sie keinesfalls nur als Erbe des Christentums in dem Sinn zu verstehen, dass nun zwangsläufig eine Ära postchristlicher Religiosität einzuläuten wäre. Vielmehr bietet *die Auseinandersetzung mit der gegenwärtigen außerchristlichen Religionskultur eben auch eine große Chance.* Diese Chance besteht darin, im Anschluss an die Zielsetzungen und Interessen, die sich mit der gegenwärtigen Religiosität verbinden, das christliche Verständnis von Heil und Erlösung engagiert zu vertreten und dabei erweitert und präziser zu fassen als es häufig geschieht. Nicht zuletzt gilt es, das Verständnis von Jesus Christus als dem Erlöser in einer Weise zu thematisieren, die

deutlich macht, wie sehr das Christentum eine Perspektive bietet für genau die Erwartungen, die in »Risikogesellschaften« wie der der Bundesrepublik an die Religion gestellt werden. Allerdings wird nur dann, wenn es gelingt, die Relevanz und die Lebensdienlichkeit des Christentums für eine moderne Kultur deutlich zu machen, eine tragfähige Antwort auf die Frage dieser Tagung, »Warum christlich glauben und wozu?«, möglich sein.

Christliche Erlösung in der Mitte des Lebens

Wie könnte nun ein solches erweitertes Verständnis von Heil und Erlösung aussehen, das zugleich deutlich machen kann, warum gute Gründe dafür sprechen, *christlich* zu glauben? Religion hat es stets mit Grenzerfahrungen und deren Überwindung, mit Entfremdung, Erlösung und Heil zu tun. Entfremdung ist dabei die Erfahrung, mit einer Wirklichkeit konfrontiert zu werden, die sich nicht mehr integrieren lässt in die eigenen Orientierungsmuster, die keinen Ort hat in dem Ganzen unserer Sinnvorstellungen. Umgekehrt bedeutet »Heil« genau die Aufhebung solcher Differenzerfahrungen und damit einen Zustand vollständiger Integrität, der durch die Erlösung, den Weg zum Heil möglich gemacht wird. An einem klassischen Topos der biblischen Überlieferung und der christlichen Frömmigkeitspraxis lässt sich dies gut deutlich machen, an der Vision des neuen Himmels und der neuen Erde aus Offb. 21, die ihren festen Platz in der Beerdigungsagende hat: Der Trauernde wird in seinem persönlichen, in dieser Situation ebensowenig erklärbaren wie bewältigbaren Leid in den größeren Zusammenhang der Botschaft von der Auferstehung der Toten und der Verheißung eines neuen Himmels und einer neuen Erde hineingenommen, die der auferstandene Christus als der Erlöser verkündet. Die Erfahrung von Trennung und Unheil wird aufgehoben in eine Vorstellung umfassender Gemeinschaft im Reich Gottes, in der das vom Tod getrennte wieder zusammenfinden kann. Eric Clapton hat das, autobiographisch, nach dem Tod seines vierjährigen Sohnes vor einigen Jahren sehr schön in seinem Song »Tears in heaven« beschrieben.

Ohne Zweifel gehört die Botschaft von der Auferstehung der Toten und die Zusicherung einer Perspektive über den individuellen Tod hinaus zu den zentralen Aussagen des christlichen Glaubens. Ebenso jedoch finden sich entsprechende Vorstellungen auch in den allermeisten anderen Religionen. Schon aus diesem Grund wäre es nicht wirklich überzeugend, die Zustimmung zum Christentum nur auf die Verheißung von Auferstehung und ewigem Leben gründen zu wollen. Zudem wird eine solche Verengung genau den Erwartungen nicht gerecht, die gegenwärtig an die Religion herangetragen werden und die dazu geführt haben, dass sich zahlreiche Menschen vom Christentum abwenden und sich zu anderen religiösen Praktiken hingezogen fühlen. Die Religion hat – man mag das als eine Folge der Verdrängung des Todes in unserer Gesellschaft bedauern oder vielleicht sogar als eine Bereicherung begrüßen – ihren Ort nicht mehr vorrangig dort, wo es um die Bewältigung der in der frühen Neuzeit noch allgegenwärtigen Todesangst geht. Es gilt darum, die Orientierungskraft und die Verheißung von Heil und Erlösung des christlichen Glaubens in der Mitte des Lebens, nicht nur an dessen Rändern zum Ausdruck zu bringen. Dietrich Bonhoeffer hat das ganz richtig gesehen. Christlicher Glaube ist mehr als nur die Hoffnung auf ein Jenseits. Er ist die Verheißung einer umfassenden Perspektive, die das Schicksal und die Situation jedes einzelnen Menschen und damit die Überzeugung der Moderne von der Unantastbarkeit der Menschenwürde ernst nimmt, die aber gleichzeitig mit den tiefen Ambivalenzen und Begrenztheiten des Menschen und damit auch mit den Grenzen der technischen Rationalität umzugehen vermag.

Jesus Christus: wahrer Gott und wahrer Mensch

Dieses Anliegen nun hängt aber aufs Engste mit dem Grunddogma und dem Ausgangspunkt des Christentums zusammen, der Überzeugung, dass in Jesus von Nazareth Gott selbst Mensch geworden ist, um uns zu erlösen. Ich möchte dies mit einem Gedankengang von Friedrich Schleiermacher erläutern. Als Schleiermacher vor genau 200 Jahren, 1799, seine *»Reden über die*

Religion. An die Gebildeten unter ihren Verächtern« veröffentlicht, befindet sich das Christentum in einer Situation, die unserer eigenen in manchem gleicht: während sich die einen im Namen eines aufklärerischen Vernunftglaubens – heute vielleicht vergleichbar mit dem Glauben an den technisch-wissenschaftlichen Fortschritt – vom Christentum als einem Relikt aus vergangenen Zeiten abwenden, ist anderen gerade der Protestantismus zu rational und zu kühl; sie fühlen sich eher einer romantisierend-monistischen Naturfrömmigkeit zugeneigt, die den gegenwärtigen religiösen Praktiken nicht unähnlich ist. Schleiermacher sucht die Kritiker wieder für das Christentum zu gewinnen, indem er zunächst auf den besonderen Charakter von Religion überhaupt hinweist. Der junge Prediger an der Berliner Charité beschreibt Religion als »Geschmack fürs Unendliche«, als das Gefühl und die Sehnsucht, die eigene Endlichkeit zu überschreiten. Religion vermittelt zwischen Endlichem und Unendlichem, sie hilft dem einzelnen, sich als individueller, eigenständiger Teil des Ganzen zu verstehen und nicht in der Leere und Sinnlosigkeit zu versinken. In der Gestalt Jesu Christi, dadurch dass hier Gott Mensch wird, kommt diese Vermittlung zwischen Endlichem und Unendlichem exemplarisch und für alle weiteren vorbildlich zum Ausdruck. In dieser unter allen anderen Religionen einzigartigen Vermittlung liegen sowohl die besondere Bedeutung Jesu Christi, als auch die Sonderstellung des Christentums begründet. Im Rückblick kann Schleiermacher später darum auch feststellen: er habe sich gewünscht, dass den Lesern seiner Schriften »möglichst auf jedem Punkt hätte deutlich werden müssen, dass der Spruch Joh 1,14 [das Wort ward Fleisch und wohnte unter uns, und wir sahen seine Herrlichkeit, eine Herrlichkeit als des eingebornen Sohnes vom Vater, voller Gnade und Wahrheit], der Grundtext der ganzen Dogmatik ist, so wie er dasselbe für die ganze Amtsführung des Geistlichen seyn soll[2]. Schleiermacher zeichnet damit die traditionelle Lehre von der Person und dem Wirken Jesu Christi in genau die Erfahrungswirklichkeit ein, die die bleibende und unhintergehbare Bedeutung der Religion ausmacht. Der Mensch ist mehr als seine Denk- und Handlungsmöglichkeiten, und die Religion ist der Ort, an dem dieses Bewusstsein artikuliert werden kann. Dem entsprechend grenzt sich Schleiermacher in seinen Reden ab gegen die aufklärerische Vernunftreligion und ein ethisches Christentum. Statt dessen definiert er: *»Religion ist weder Denken noch Handeln, sondern Anschauung und Gefühl. Anschauen will sie das Universum, in seinen eigenen Darstellungen und Handlungen will sie es andächtig belauschen, von seinen unmittelbaren Einflüssen will sie sich in kindlicher Passivität ergreifen und erfüllen lassen [...] Sie will im Menschen nicht weniger als in allen anderen Einzelnen und Endlichen das Unendliche sehen, dessen Abdruck, dessen Darstellung«*[3]. In Jesus Christus, in dem Gott Mensch geworden ist, wird erstmalig und ein für alle mal in einem endlichen Individuum das Unendliche sichtbar, wird deutlich, dass der Mensch nicht im Vorhandenen aufgeht. In einer historisch fassbaren Gestalt, in einem konkreten, geschichtlichen Leben wird eine Perspektive deutlich, die über die der Erfahrung von Endlichkeit und Abhängigkeiten hinausgeht.

Diese Verheißung selbst ist dabei nicht das unterscheidend Christliche. Das Besondere und Einmalige am Christentum ist, dass die Vermittlung von Endlichem und Unendlichem nicht abstrakt, in einem mehr oder weniger unbestimmten Jenseits stattfindet, sondern sich in der Geschichte, in der Lebenswirklichkeit, genauer: im Leben, Sterben und Auferstehen von Jesus von Nazareth ereignet. In der Sprache der christlichen Tradition: Gott wird Mensch, damit *wir* göttlich werden. Das Heil, also das Wissen darum, dass es eine Perspektive gibt, in der unsere Erfahrung von Partikularität und Endlichkeit aufgehoben ist, wird in Jesus Christus exemplarisch sichtbar. Das ist gemeint, wenn von der Person des Erlösers die Rede ist.

Der Erfahrungsbezug der Zwei-Naturen-Lehre

Die traditionelle Dogmatik hat dies mit dem Lehrstück von den zwei Naturen Jesu Christi zum Ausdruck bringen wollen. In Christus sind die göttliche und die menschliche Natur zu einer Person vereinigt. Der Sinn dieser schon in der alten Kirche heftig umkämpften Formel, die zugleich den Kern des christlichen Glaubens ausmacht, nämlich dass Christus wahrer Mensch *und* wahrer

Gott zugleich ist, würde verfehlt, wenn man danach fragte, welche besondere Gestalt oder Qualität denn so ein Wesen, das ebenso Gott wie Mensch sein soll, denn wohl haben könnte. Die Spekulationen darüber haben in der Geschichte der christlichen Theologie zwar nie aufgehört. Sie haben aber letztlich zu keinem Ergebnis, sondern nur zu anhaltenden Spannungen und gegenseitigen Verurteilungen geführt, haben also das Gegenteil von dem bewirkt, was das Bild von den zwei Naturen Jesu Christi eigentlich aussagen sollte: das Heil, die Aufhebung aller Differenzerfahrungen, ist in einem Menschen bereits sichtbar geworden, der in Palästina von einer Frau geboren wurde, dort lebte und lehrte und dort auch als Staatsfeind wegen Hochverrats hingerichtet wurde. Die Zwei-Naturen-Lehre ist keine ontologische, sondern eine soteriologische Aussage. Mit ihrer Hilfe soll beschrieben werden, wie Erlösung und Heil in einer Welt aufscheinen, die von Entfremdung und menschlicher Begrenztheit, von den Erfahrungen einer grundlegenden Differenz zwischen dem als gut erkannten Handeln und den Möglichkeiten und Realitäten eigener Wirksamkeit, die, mit der theologischen Tradition gesprochen, von der konstitutiven Sündhaftigkeit des Menschen geprägt ist.
Von dieser spezifischen Botschaft des Christentums lässt sich nur in Bildern und auch nur in Paradoxien sprechen. Darin liegt aber keine Schwäche, sondern, im Gegenteil, gerade die Stärke des christlichen Glaubens. Die gleichnishafte, erzählende und uneigentliche Sprechweise korrespondiert in zweifacher Hinsicht dem spezifischen Heils- und Erlösungsbedürfnis, um dessentwillen sich Menschen auch und gerade in modernen Gesellschaften der Religion zuwenden und das die bleibende Aktualität von Religion ausmacht. Religiöses Heil lässt sich nicht vollständig in univoke, präzis beschreibende Sprache fassen. Der Sachbezug, der hier thematisch werden soll, überschreitet immer die Möglichkeiten logisch-sprachlicher Darstellung. Daneben ist noch ein zweites Paradox für die Religion charakteristisch: Sie soll dabei helfen, das einzelne Schicksal, die Erfahrungen eigener Endlichkeit und Begrenztheit zu überwinden, zu transzendieren und in einen größeren Zusammenhang einzuordnen. Trotzdem aber müssen der einzelne Mensch, seine Situation, seine Angst und sein Leid

mit im Blick bleiben. Die Vermittlung des Heils kann damit nur unter den Bedingungen menschlicher Begrenztheit erfolgen. Religion darf die Differenzerfahrungen des Lebens gerade nicht um den Preis zu überwinden suchen, dass sie alles in ein einheitliches, widerspruchsloses und rationales System integrieren möchte. Eine Religion, die alles erklären kann, kann letztlich das, was sie erklären will nicht mehr erklären, nämlich die Fragilität unserer Erfahrungswelt, das Faktum, dass es immer wieder Leid und Enttäuschung, dass es Grenzen unserer Vernunft gibt. Sie findet keinen Zugang mehr zu unserer Erfahrungswelt. Zugespitzt formuliert: Wer dem Leid in der Welt einen Sinn geben zu können meint, der hat die Kompetenz verloren, über das Leid des Einzelnen sprechen zu können – ein Faktum, das von den Kirchenmitgliedern sehr präzise registriert wird. Zur Theologie gehören immer auch die Sprachlosigkeit und der Zweifel mit dazu. In der Bildwelt der Christologie heißt das: Gott kann nur darum der Erlöser sein, weil er in Christus Mensch geworden ist, weil er an dem Leid der Menschen Anteil genommen hat. Vor diesem Hintergrund lässt sich auch heute ermessen, was die Theologen der Alten Kirche mit der Formel ausdrücken wollten *»Was nicht angenommen wurde, ist nicht erlöst«*.

Das Heil und die Erlösung, die die Religion vermittelt, ist durch eine Grundparadoxie gekennzeichnet, die in der Formel von den zwei Naturen Christi paradigmatisch zum Ausdruck kommt. Diesen Sachverhalt hat wohl auch Paulus vor Augen, wenn er in 1 Kor 1, 18 formuliert: *»das Wort vom Kreuz ist eine Torheit denen, die verloren werden, uns aber, die wir selig werden, ist's eine Gotteskraft«*. Das Wort vom Kreuz steht in seiner ganzen Widersprüchlichkeit und Paradoxie, dass nämlich *Gott selbst* in Jesus Christus am Kreuz gestorben ist, damit wir das Leben haben, dafür, dass die Verkündigung des Heils, wie sie der christliche Glaube bezeugt, wirklich in die Situation *unseres* Lebens sprechen soll. Theologie und kirchliche Verkündigung dürfen darum nicht den Fehler begehen, das einzelne Schicksal nur noch als Beispiel, als ein Exempel unter vielen gleichgelagerten Fällen zu betrachten. Es bleibt unverzichtbar, dass der einzelne Mensch in seiner *ganz speziellen Situation* ernstgenommen wird – hier liegt wohl der Grund für die kritische

Distanz vieler Menschen zur Kirche, da sie sich in ihrer speziellen Situation eben nicht ernst genommen fühlen. Aus dieser Analyse lassen sich aber auch Kriterien für den Umgang mit anderen Religionen und weltanschaulichen Gruppierungen gewinnen. Wo immer Erlösung und Heil versprochen und verkündigt wird, muss es auch das Heil des einzelnen Menschen sein, der nicht als anonyme Größe in ein übergeordnetes Schicksal subsumiert werden darf. An diesem Punkt erweist sich der christliche Glaube all denjenigen Formen neuer und überkommener Religiosität überlegen, die allein auf die Aufhebung des Individuums in eine Ganzheitsvorstellung abheben und dabei den einzelnen Gläubigen aus dem Blick verlieren.
Die Dogmatik und mit ihr der einzelne Theologe bzw. die einzelne Theologin stehen also vor einer doppelten Problemstellung: Sie müssen die individuelle Situation des einzelnen Menschen thematisieren. Jemandem, der gerade an die *Grenzen* seiner Handlungs- und Verstehensmöglichkeiten gekommen ist, wird man damit jedoch kaum helfen können. Dies ist nur möglich, wenn es gelingt, das Einzelschicksal in einen größeren Zusammenhang einzuordnen. Geschieht das, kann man aber auch den umgekehrten Fehler begehen, und nun das Einzelschicksal soweit unter einen übergeordneten Zusammenhang oder eine höhere Idee subsumieren, dass der Einzelne in seinen ganz persönlichen Bedürfnissen darin nicht mehr vorkommt.

Die Besonderheit des christlichen Glaubens

Die Aussage des christlichen Glaubens, dass die Erlösung und das Heil durch Jesus Christus, der zugleich wahrer Mensch und wahrer Gott war, vermittelt ist, korrespondiert, so habe ich darzulegen versucht, dem Grundbedürfnis, das hinter der Zuwendung zur Religion überhaupt liegt. Es lässt sich noch einmal thetisch auf die theoretische Formel bringen: Die Aufhebung der Differenzerfahrungen muss unter den Bedingungen der Differenz gedacht werden. Indem genau diese aus der Lebenswirklichkeit selbst abgeleitete Struktur die Grundaussage des christlichen Glaubens darstellt, begründet sie zugleich die Besonderheit des Christentums gegenüber anderen Religionen: Als Sohn der Maria nimmt Jesus von Nazareth teil am Schicksal der Menschen, als Gottessohn und damit als wahrer Gott kann er zugleich das äußerste Schicksal der Menschen, nämlich den Tod überwinden. Gott kann uns in Jesus Christus erlösen, weil ihm die Welt, in der wir leben, vertraut ist, weil er in Jesus Christus selbst die Grenzen und Ambivalenzen menschlichen Lebens und menschlichen Denkens erfahren hat. Dabei bleibt aber Jesus als der Sohn des ewigen Vaters nicht allein an die Strukturen menschlichen Denkens gebunden. Die Botschaft, die er und in seiner Nachfolge die Kirche verkündigt, beruht nicht nur auf menschlicher Logik, ist also nicht nur in dem Käfig unseres Denkvermögens gefangen. Diese doppelte Struktur ist es, die in der dogmatischen Aussage von der Zwei-Naturen-Lehre oder in der Formel *»Gott – Erlöser in Jesus Christus«* zum Ausdruck kommt, und diese doppelte Struktur ist es auch, die das Spezifische des christlichen Glaubens ausmacht. Der in der theologischen Fachdebatte geführte Streit um den rechten Ausgangspunkt für die Christologie, ob sie denn von dem *Menschen* Jesus ausgehen solle und darum als *»Christologe von unten«* zu entwerfen sei, oder ob sie bei der Präexistenz und der Menschwerdung des Logos, also gleichsam *»von oben«* ansetzen sollte, geht daher m. E. von falschen Voraussetzungen aus. Beide Elemente bedingen einander und können nicht gegeneinander ausgespielt werden.

Gott – Erlöser in Jesus Christus: Mit dieser Formel bekennen sich Christen zu einer doppelten Aussage: das Heil, das von Jesus Christus ausgeht, nimmt die Erfahrungen, Chancen und Grenzen menschlicher Lebenswirklichkeit auf und erkennt sie an. Gleichzeitig eröffnet das Schicksal des Jesus von Nazareth, seine Auferstehung und der darin liegende Erweis seiner Gottheit eine Perspektive, die über die Zerrissenheit und Ambivalenz, über die Erfahrungen von Leid und menschlicher Not hinausgeht. Christlicher Glaube möchte so Handlungsspielräume und Lebensmut auch dort ermöglichen, wo eine bloß innerweltliche, rationale oder nur von der Beschränktheit menschlichen Denkens und Erkennens geprägte Sichtweise keinen Ausweg mehr sieht. Diese Perspektive transzendiert die menschlich-innerweltliche Logik und widerspricht einem allzu optimistischen Fortschrittsdenken und Vertrauen in die Möglichkeiten menschlichen Handelns ebenso wie einer pessimistischen, angstverhafteten Existenz. Sie nimmt ihren Ausgangspunkt in dem Geschehen von Karfreitag *und* Ostern. Gott stellt sich in Jesus Christus dem Leid der Welt. Durch die Auferstehung Jesu Christi wird jedoch zugleich deutlich, dass dieses Leid überwunden worden ist. Bei der Vermittlung dieser Perspektive kommt den rituellen Handlungsformen wie Gottesdienst und Gebet, aber auch der christlichen Feiertagskultur eine besondere Bedeutung zu. Denn sie stehen allesamt als Symbol dafür, dass unsere technisch-rationale Kultur durch einen zweiten, unverzichtbaren Bereich menschlicher Lebenswirklichkeit ergänzt werden muss: den der Religion.

Die Weltgestaltung des Christentums

Aus dieser Grundeinsicht ergibt sich die spezifische Weltwahrnehmung des Christentums, deren Eckpunkte ich abschließend skizzieren möchte. Aus dem Gedanken der Menschwerdung resultiert zunächst das Ja des Christentums zu Lebenswirklichkeit und Kultur. Zwar hat es in der Geschichte der Kirche immer wieder, am prominentesten und wirkmächtigsten in bestimmten Ordensgemeinschaften, Tendenzen zur Weltflucht und Weltverneinung gegeben. Sie sind jedoch eher Oppositionsbewegungen gegen eine als falsch empfundene *Ausgestaltung* des Verhältnisses zwischen Christentum, Kirche und Kultur. Wirkmächtig und mentalitätsprägend ist der christliche Glaube gerade durch seine Verbindung zur Kultur geworden. In erster Linie ist hier das Bestreben des Christentums zu nennen, alle Lebensbereiche zu gestalten, insbesondere die politische und die ökonomische Dimension der Gesellschaft. In diesem Grundzug unterscheiden sich die großen christlichen Konfessionen nicht, wenn sie auch die konkrete Wahrnehmung christlicher Weltverantwortung unterschiedlich ausgestaltet haben.
Die Verbindung des Christentums zur Kultur zeigt sich aber auch in anderen Bereichen, etwa in der Kunst. Besonders hervorzuheben ist zudem das Phänomen der Enkulturation, die Anpassung

bestimmter überlieferter Riten und Frömmigkeitsstile einer Religion an eine neue Umgebung. Das christliche Brauchtum im Alpenraum bietet hier zahlreiche und äußerst interessante Beispiele, etwa die Darstellung der Heiligen Familie in den alpenländischen Weihnachtskrippen, die den Betlehemer Stall kurzerhand in einen oberbayerischen Bergbauernhof verwandeln. Hinter dieser Praktik steht dabei keineswegs ein bäuerlich-naives Informationsdefizit, es handelt sich um einen hoch reflektierten Vorgang: Hier lässt sich exemplarisch beobachten, wie die von mir zunächst theoretisch beschriebene Aufgabe der Religion, die Einordnung des Einzelschicksals in einen größeren Kontext, funktioniert. Durch die Enkulturation der Weihnachtsgeschichte setzen die Krippenschnitzer auf ihre Weise um, was Wilhelm Hey am Ende von »Weißt Du, wie viel Sternlein stehen« in die Worte fasst »... kennt auch dich und hat dich lieb«. Die Geburt des Heilands gilt eben nicht nur dem Volk Israels, sondern jedem Menschen, der daran glaubt.

Mit dem Bild des menschgewordenen Christus bejaht christlicher Glaube die Kultur und lehnt eine gnostisch-diastatische Sicht, die in der Welt den Inbegriff der Gottferne begreifen möchte, ab. Diese Bejahung bedeutet jedoch keine vorbehaltslose Auslieferung des Christentums an die Kultur. Vielmehr steht die Zuwendung zur menschlichen Lebenswirklichkeit stets unter dem Vorzeichen, dass der Inkarnierte und der Erhöhte zusammengehören, dass also der Glaube an Jesus Christus immer auch ein Korrektiv für das gesellschaftliche Leben darstellt. Die bereits angesprochenen, kulturkritischen Bewegungen, die das Christentum seit jeher begleitet haben, der Impuls, auch heute zu gesellschaftlichen Fragen – wenn nötig auch in unpopulärer Weise – Stellung zu nehmen, sind Ausdruck dieses in der Person Jesu Christi verhafteten Bewusstseins, dass es immer auch eine Dimension gibt, die über die empirisch vorfindliche Wirklichkeit hinausgeht.

Rechtsstaatlichkeit

Am Beispiel der christlichen Wurzeln des modernen *Rechtstaates* lässt sich diese Struktur weiter verdeutlichen. Die Weltbejahung des Christentums schließt eine grundsätzlich positive Stellung zum Staat mit ein; allerdings handelt es sich auch hier, wie bei der Haltung zur Kultur insgesamt, nicht um ein unkritische Affirmation jedweder Staatsform oder Staatstätigkeit. Der Staat darf sich – das hat Martin Luther klassisch in seiner Schrift »Von weltlicher Obrigkeit« 1523 festgehalten – nicht anmaßen, über die Fragen der Religion zu entscheiden. Das darin anklingende Postulat der modernen Religionsfreiheit in einem umfassenden Sinne, also auch die Forderung nach einer Zurückhaltung des Staates in allen Fragen, die die individuelle Wert- und Sinnorientierung angehen, ist eine praktische Konsequenz aus der christlichen Erlösungsvorstellung, die diese Erlösung aber nicht nur an den Grenzen, sondern in der Mitte des Lebens verankern und darstellen möchte. Dem Staat Zurückhaltung in den Fragen individueller Lebensorientierung aufzuerlegen, resultiert dabei aus der Einsicht in die Fehlbarkeit und die Begrenztheit menschlichen Urteilsvermögens.

Menschenrechte und Menschenwürde

Von dem durch die Reformation angestoßenen Gedanken der Religionsfreiheit lässt sich leicht der Bogen schlagen zur Frage der *Menschenrechte.* Unbeschadet der hier nicht weiter zu erläuternden Problemstellung, wie sich die christlichen *Kirchen* zur Frage der Menschenrechte verhalten haben, liegen die Wurzeln des modernen Menschenrechtsgedankens im Christentum, genauer: in der Hochschätzung des einzelnen Individuums. Auch diese Hochschätzung ist, sowohl historisch, als auch systematisch betrachtet, eine direkte Konsequenz aus der christlichen Überzeugung, dass in Jesus Christus Gott *wahrer Mensch* geworden ist. Gott inkarniert sich in einem konkreten, individuellen Menschen. In der Sendung des Sohnes vollzieht sich erstmalig und exemplarisch die Zuwendung Gottes zu jedem einzelnen Menschen. Jesus Christus steht

nicht für ein unpersönliches Ideal, sondern er verkörpert eine Person, einen konkreten Menschen.
Gleichzeitig aber ist Jesus Christus *als wahrer Mensch Gott.* Jedem Mensch, so ist es die Überzeugung des Christentums, eignet darum eine besondere Würde, die ihn von allen anderen Lebewesen unterscheidet. Adolf v. Harnack hat plastisch von dem »unendlichen Wert der Menschenseele« als dem Kern des Evangeliums gesprochen. Dem entspricht die christliche Überzeugung, dass der einzelne Mensch nicht im Interesse der Gattung oder eines höheren Ideals geopfert werden darf. Diese Überzeugung ist angesichts der gegenwärtigen Ängste und Vorbehalte gegenüber der technisch-naturwissenschaftlichen Zivilisation dahingehend zu aktualisieren, dass auch die emotionalen Widerstände einzelner bei gesellschaftlichen Entscheidungsprozessen mit berücksichtigt werden müssen. Die Menschenrechte und die Menschenwürde stehen gerade auch für die Partizipationsrechte derer, die sich nur schwer artikulieren können. Dieses Bewusstsein durch das Eintreten für diese Menschenrechte und für die Menschenwürde zu stärken ist darum der wohl wichtigste Prüfstein für ein Erlösungsverständnis, das das Heil nicht nur an den Grenzen, sondern mitten im Leben verorten kann.
Der Gedanke der Menschenrechte und der Menschenwürde genießt in den westeuropäischen Ländern hohe Zustimmung und Plausibilität – auch bei Nicht-Christen. Ich bezweifle aber, dass diese Plausibilität aufrecht zu erhalten ist, wenn die Kraft, die die Mentalität prägt, die zur Akzeptanz der Menschenrechte geführt hat, zurücktritt.

Individualität des Glaubens

Die Hochschätzung des Individuums, die dem Menschenrechtsgedanken zu Grunde liegt wird verfestigt durch die rituelle Ausgestaltung der individuellen Gottesbeziehung durch die Taufe, die die urchristliche Gemeinde auf die Einsetzung des Auferstandenen zurückführt. Die in der Taufe begründete je persönliche Gottesbeziehung deutet es schon an: Die in der Menschwerdung Got-

tes wurzelnde Hochschätzung des Individuums bezieht sich auch auf die christliche Glaubens- und Frömmigkeitspraxis. Christlicher Glaube ist persönlicher Glaube, der durch keine andere Institution ersetzt werden kann, weder durch die Kirche, noch durch die Dogmatik. Martin Luther hat das mit Blick auf die Taufe kurz und bündig in seiner Schrift »Von der babylonischen Gefangenschaft der Kirche« zusammengefasst: »Es ist also unüberwindlich wahr: Wo Gottes Verheißung ist, da steht ein jeder für sich selbst und wird eines jeden eigener Glaube gefordert, es wird ein jeder für sich selber Rechenschaft geben und seine Last tragen. So wie in Markus 16,16 gesagt ist: Wer da glaubet und getauft wird, der wird selig werden; wer aber nicht glaubet, der wird verdammt werden.« Beide, Theologie und Kirche, bleiben zwar notwendig, aber nur in dienender Funktion für den individuellen Glauben.
Kirchliche Institutionen können den Einzelnen mit der christlichen Botschaft vertraut machen; sie können und müssen sich auch für die Aufrechterhaltung eines Milieus einsetzen, in dem persönlicher Glaube entstehen kann. Darin sind sie unverzichtbar. Die kantische Vorstellung, die bei manchen protestantischen Kirchenkritikern immer noch virulent ist, dass nämlich eines Tages der »reine Religionsglaube« des Individuums endgültig seine Vorstufe, den »historischen Kirchenglauben« abgelegt haben würde, ist eine Illusion. Jeder individuelle Glaube als eine mit empirischen Mitteln nicht fassbare Gottesbeziehung hat eine überindividuelle, konkrethistorische Vermittlung des Glaubens zur Voraussetzung. Darum ist jeder Christ verpflichtet, so wie er einst den Glauben nur durch andere vermittelt bekam, nun auch selbst an dem Fortbestand des christlichen Glaubens mitzuwirken. Die Präsenz der Kirche als der Gemeinschaft der Gläubigen steht dabei selbst für die überindividuelle und damit auch heilsvermittelnde Dimension des Glaubens. Wohlgemerkt: sie *symbolisiert* diese heilsvermittelnde Dimension, sie *ist* sie nicht schon selbst. Dieser in der Epoche der konfessionellen Streitigkeiten vertiefte Leitsatz lutherischer Ekklesiologie begründete lange Zeit die grundlegende, das ökumenische Verhältnis stark belastende Differenz zwischen dem protestantischen und dem römisch-katholischen Kirchenverständnis. Erst mit der abschwächenden Formel aus »Lumen gentium« hat

das 2. Vatikanische Konzil hier die Tür zu einer weitergehenden Verständigung über das Kirchenverständnis aufgestoßen. Ebenso wie die Kirche steht auch die Theologie, insbesondere die Dogmatik für die überindividuelle Dimension des Glaubens. Die Dogmatik befragt den individuellen Glauben auf seine Konsistenz und gibt ihm dadurch inneren Halt. Das erreicht sie, indem sie, der Grundstruktur der Religion folgend, den einzelnen Gläubigen und seine Form des Glaubens mit der biblisch-christlichen Tradition vergleicht und in den größeren Zusammenhang der christlichen Tradition einordnet. Darum kann sich der einzelne Christ getragen wissen von der Gemeinschaft der Christen, die in der Kirche sichtbar wird, und der Tradition von Schrift und Bekenntnis, die dem je persönlichen Glauben zu Grunde liegt und die ihn auch reguliert. Christlicher Glaube vereinzelt nicht, er setzt die Situation des Einzelnen mit der Verheißung in Beziehung, die in Jesus Christus an uns ergangen ist und die Schrift, Kirche und Theologie weiter tradieren. Dennoch: Diese Botschaft muss jeder einzelne für sich ergreifen und sich zu ihr bekennen. Christlicher Glaube ist nicht individualistisch, aber er ist individuell. Die Frage: »Warum christlich glauben und wozu?« kann und darf jeder nur für sich selbst entscheiden – und gerade hierin – wenn sie so wollen, in der Erlösung von allen den persönlichen Glauben bevormundenden Instanzen, liegt für mich die bleibende Bedeutung des Christentums für die Kultur der Gegenwart.

Anmerkungen

1 Ulrich Beck und Elisabeth Beck-Gernsheim: Individualisierung in modernen Gesellschaften – Perspektiven und Kontroversen einer subjektorientierten Soziologie, in: Dies. (Hg.): Riskante Freiheiten. Individualisierung in modernen Gesellschaften, Frankfurt/M. 1994, 10–39, 11.

2 Friedrich Daniel Ernst Schleiermacher: Zweites Sendschreiben an Lücke, KGA I, 10, Berlin 1990, 343.

3 Friedrich Daniel Ernst Schleiermacher: Über die Religion. Reden an die Gebildeten unter ihren Verächtern (1799), hg. v. Rudolf Otto, Göttingen [7]1991, 49.

Was heißt: Wir sind erlöst?

ALBERT KELLER

Im Brief an die Kolosser schreibt Paulus, Gott, der Vater, habe »*uns der Macht der Finsternis entrissen und in das Reich seines geliebten Sohnes aufgenommen, durch ihn haben wir die Erlösung, die Vergebung der Sünden*«. (1,13) Dieser Glaube, Gott habe die Welt durch Jesus Christus erlöst, unterscheidet das Christentum von allen Weltanschauungen und Religionen. So verkünden Neues Testament, kirchliche Tradition und christliche Liturgie übereinstimmend: Jesus hat die Sünde der Welt hinweggenommen und durch seinen Tod am Kreuz die Welt erlöst. Dennoch ist selbst Christen keineswegs immer klar, was das bedeutet.

I. Negative Antwort

Fragen wir zuerst: Was bedeutet Erlösung nicht?

1. *Erlösung bedeutet zunächst nicht das Heraufführen einer besseren Welt*

Mit Jesus ist keine bessere Zeit für die Menschheit angebrochen. Die Geschichte kennt Gräuel vor ihm wie nach ihm. Man denke nur an unser Jahrhundert, an die Nazis, an den Stalinismus, an die Kriege, auch die jetzigen, an die Armut, die Hungergebiete, die Verbrechen, die Menschenverachtung. Die Welt ist nicht besser geworden. Das hat Jesus auch nicht angekündigt. Er verheißt Hunger, Verfolgung, Schwert. Er prophezeit: »*Man wird euch in große Not bringen und euch töten*« (Mt 24, 9); »*ja es kommt die Stunde, in der alle, die euch töten, meinen, Gott einen heiligen Dienst zu erweisen.*« (Joh 16,2) Die Geschichte bestätigt also nur, was er sagt. Das unterscheidet das Neue vom Alten Testament. Dieses erhoffte eine messianische Zeit des Friedens und Wohlstandes. Jesus schärft dagegen immer wieder ein: Dazu bin ich nicht gekommen. Mein Reich ist nicht von dieser Welt.

2. *Erlösung bedeutet auch nicht die Heranbildung eines besseren Menschen*

Christen sind jedenfalls nicht erkennbar und ohne weiteres bessere Menschen. Wo Christen auftreten, wo sich das Christentum ausbreitet, bricht nicht plötzlich Menschlichkeit aus. Das zeigt die Vergangenheit – es genügen die bekannten Stichworte: Kreuzzüge, Inquisition und Hexenverbrennungen. Aber auch in der Gegenwart unterscheidet sich das Verhalten von Christen – oder zumindest von Menschen, die sich Christen nennen –, keineswegs auffällig von dem der Nichtchristen, weil es etwa weniger rücksichtslos, weniger von Gier nach Macht und Reichtümern und Genuss, also von Egoismus und Unmenschlichkeit geprägt wäre. Bis heute geschieht immer noch von Christen und selbst im Namen der Kirche Unrecht. Die Erlösung verhindert das nicht. Das gilt auch für unser eigenes Leben. Wir werden nicht schon dadurch, dass wir Christen sind, bessere Menschen. Somit wird durch die Erlösung weder eine bessere Welt heraufgeführt noch zwangsläufig ein besserer Mensch herangebildet.

3. *Das bringt nun die Theologen in eine schwierige Lage*

Denn: Was ist das für einen Erlösung, von der sich in der Welt nichts zeigt? Daher haben sie im Mittelalter eine Theorie entwickelt, die für Jahrhunderte die kirchliche Auffassung von der Erlösung prägte: Danach haben die Menschen Gott dadurch beleidigt, dass sie sich nie an seine Gebote gehalten haben. Diese Beleidigung muß durch die Erlösung wieder gut gemacht und gesühnt werden. Nach vermutlich germanisch-fränkischem Denken, das wir noch aus der Praxis des Duellierens kennen, kann aber eine Beleidigung nur gesühnt werden, wenn ein Satisfaktionsfähiger auftritt und mit seinem Blut dafür einsteht und sie abbüßt. Für den beleidigten Gott fand sich jedoch unter den erbärmlichen Menschen kein standesgemäßer, satisfaktionsfähiger Partner. Daher mußte sein eigener Sohn Mensch werden, damit endlich ein Satisfaktionsfähiger vorhanden war. Und dadurch, dass der dann am Kreuz hingerichtet und so als Sühneopfer dargebracht wurde, war die Beleidigung Gottes durch die Sünde wie bei einem Duell im Blut gesühnt. Darin also läge die Erlösung.

So verbreitet diese Auffassung in der Kirche war, so stellt sie dennoch eine Anhäufung von Schiefheiten und Irrlehren dar. Daher muß die zweite negative Antwort heißen: Auch in der so dargelegten Wiedergutmachung einer Beleidigung Gottes besteht die Erlösung nicht.

Was ist alles an dieser Meinung schief und irrig?

a) Die erste Schiefheit, die sich allerdings selbst in kirchlichen Aussagen findet, liegt in der Annahme, die Sünde sei eine Beleidigung Gottes. Diese Annahme, der Allmächtige Gott, himmelhoch über jeden Menschen erhaben, könne von uns beleidigt werden, verrät Größenwahn. Sie wird daher schon im Buch Ijob zurückgewiesen. Da meint Ijob, Gott schlage ihn, obwohl er schuldlos sei, übe also zu Unrecht Vergeltung. Damit unterstellt er, Gott werde getroffen, wenn Menschen Böses tun. Das aber wird nun – eben mit dem Hinweis auf den unermesslichen Abstand zwischen Gott und den Menschen – mit folgenden Worten widerlegt: »*Schau den Himmel an und sieh, blick zu den Wolken auf hoch über dir! Wenn du gesündigt hast, was tust du ihm, sind zahlreich deine Frevel, was du schadest du ihm? Tust du recht, was gibst du ihm, oder was empfängt er aus deiner Hand? Menschen wie dich trifft dein Frevel, den Gerechtsein nur die Menschenkinder.*« (35,5–8)

b) Schlimmer jedoch ist eine zweite Verkehrtheit in dieser Erlösungstheorie. Sie verrät, dass ihre Vertreter einem Drei-Gott-Glauben nahestehen. Die Dreifaltigkeit wird missverstanden, als ob wir drei Götter hätten, einen als Vater im Himmel, einen anderen, der als dessen Sohn auf die Welt gekommen ist, und dann noch den Heiligen Geist. Das verstößt gegen eine Grundwahrheit auch des christlichen Glaubens. Wir glauben an den einen Gott und nicht an drei. Vielleicht wird das Missverständnis dadurch gefördert, dass wir von drei Personen reden, als ob jede unabhängig für sich vorkäme. (H. Blumenberg in »Matthäuspassion« [1998] wirft dem Vater vor, »den Sohn so hängen zu lassen«.)

Wir glauben an einen einzigen Gott, der dreifach eigenständig existiert. Wenn man diesen Gott beleidigen konnte, dann erst, als er als das Wort Gottes Mensch geworden ist. Da war er in unserer Reichweite. Da hat man ihn verhöhnt und ihm ins Gesicht gespuckt, bevor man ihn kreuzigte. Damit wird doch wohl keineswegs eine Beleidigung Gottes durch die Sünde wiedergutgemacht, sondern hier erst wird er, selbst Mensch geworden, beleidigt.
c) Als Drittes wäre an dieser Erlösungsauffassung zu bemängeln, dass sie nicht erklärt, wieso durch die Erlösung die Sünde weggenommen ist. Wenn Gott versöhnt ist, sind dann die Menschen gut? Wenn Gott nicht mehr beleidigt ist, ist dann deren Bosheit weg? Das wird so wenig ersichtlich, wie dass man weiter an einer Strafe für Sünden und an Hölle glauben kann. Diese Auslegung der Erlösung scheint also ziemlich verworren und unbefriedigend, selbst wenn sie sich über achthundert Jahre lang gehalten hat.

II. Positive Antwort

Wenn aber durch die Erlösung weder die Welt noch die Menschen besser geworden sind und wenn es zum anderen unannehmbar ist, der durch die Sünden beleidigte Gottes sei dadurch versöhnt, dass man seinen Sohn gleichsam als Prügelknaben am Kreuz geschlachtet habe, wie ist dann Erlösung zu verstehen?
Für deren rechtes Verständnis ist zu bedenken, was Sünde ist. Christlich gesehen ist sie nicht in erster Linie Übertretung eines göttlichen Gebotes, einer uns von außen auferlegten Vorschrift, sondern Sünde ist Lieblosigkeit. Das lehrt unmissverständlich das Neue Testament. Das ganze Gesetz und die Propheten – sagt Jesus und wiederholt Paulus – hängen an dem einen: »Liebe Gott aus ganzem Herzen und deinen Nächsten wie dich selbst.« Und wo du das nicht tust, wo du es nicht kannst, weil du dir schuldhaft ein verhärtetes, ein egoistisches, ein rücksichtsloses Herz zugelegt hast, wo du dich zuinnerst verkrüppelt hast, da ist Sünde, also Mangel an Liebe. Und die schulden wir, nicht weil Gott sie uns vorgeschrieben hat, als ob er uns ebenso gut etwas anderes oder gar nichts hätte gebieten können. Nein, wir sind zur Liebe ver-

pflichtet, weil Gott uns als Menschen geschaffen hat, und Menschsein heißt lieben wollen von Grund des Herzens aus. Deshalb gilt dieses Gebot auch für alle Menschen ohne Ausnahme. Sünde aber stellt daher in einem viel existentielleren, viel tiefer reichenden Sinn eine Behinderung, eine Selbstverkrüppelung dar als jede körperliche oder geistige Beeinträchtigung. Sie beruht auf der selbstverschuldeten Unfähigkeit, das Ziel zu verfolgen, das uns erst zu Menschen macht.

Erlösung aber besteht in der Vergebung, das heißt der Wegnahme der Sünde, dem Ausräumen der Lieblosigkeit. Und diese ohnmächtige Lieblosigkeit läßt sich durch nichts anderes beseitigen als durch Liebe. Es mußte Liebe in diese Welt, um ihre Lieblosigkeit wegzuschaffen. Wo wir unfähig sind, die geschuldete Liebe zu erbringen, mußte einer an unserer Stelle lieben, genug lieben für alle. Genugtun heißt genug lieben. Nicht irgend etwas tun, sondern lieben. Dadurch aber werden die Sünden vergeben im vollen Sinn, der weit mehr besagt als verzeihen. Wenn wir verzeihen, verzichten wir auf Vergeltung, wenn aber Gott vergibt, so macht er Sünde zunichte.

Um das zu ermöglichen und so die Welt zu erlösen, mußte Gott Mensch werden. Nur so konnte an die Stelle der Lieblosigkeit der Welt umfassende Liebe treten, Liebe von ihrer Seite aus, von der Schöpfung her. Dass Gott Sünden vergibt, heißt nämlich keineswegs, dass er gleichsam die Augen verschlösse vor dem Bösen und es nicht als schlimmstes Übel ansähe. Wenn Gott in einem die Welt ernst nimmt, dann in diesem Punkt. Er läßt nicht mit sich handeln und kann nicht so tun, als sei Lieblosigkeit harmlos. Er besteht darauf, dass diese Schuld zu zahlen ist, die schuldige Liebe nämlich; denn ohne sie würde sein Geschöpf, der Mensch, zu einer Missgeburt. Weil der sündhafte Mensch aber von sich aus durch eigene Schuld dazu nicht mehr in der Lage ist, tritt Gott selbst in Jesus auf seine Seite und liebt so überschwänglich, dass es ihn sein Leben, den letzten Blutstropfen kostet. Damit wird uns vor Augen geführt, was das heißt, lieben. Dazu gehört weit mehr, als nur nett zueinander zu sein, zumal wenn wir das denen vorbehalten, die uns sympathisch sind und uns ihrerseits freundlich begegnen. So billig geht es nicht ab.

Lieben heißt vielmehr, wie Jesus zeigt, dass man bereit ist, sein Leben für andere zu geben. Das muß nicht in einem grausamen Tod zum Ausdruck kommen wie bei ihm. Aber jeder, der wahrhaft liebt, lebt für andere. Das kann ganz still und unauffällig sein und ist doch eine Lebenshingabe, und wenn's dies nicht ist, verdient's den Namen Liebe nicht. Dass wir dazu nicht bereit und aus eigener Schuld nicht fähig sind, das macht die Sünde aus. Deshalb ist Jesus gekommen und hat für alle geliebt und hat diese Liebe allen angeboten als Schatz, der ihnen zur Verfügung steht.

Man könnte dagegen einwenden, es sei doch nun schon zweitausend Jahre her, dass Jesus in Galiläa gelebt habe und etwa im Jahre dreißig in Jerusalem gekreuzigt wurde. Was soll da heißen, er biete seine Liebe allen Menschen an? Wenn er auch rückhaltlos geliebt hat, so ist das doch lange vergangen. Und was war mit all den Millionen Menschen in dem Tausenden von Jahren vor ihm? Wie können wir behaupten Jesus sei der Erlöser der Welt, nicht der Erlöser nur der Christen?

Die Antwort gibt ein Satz aus dem Römerbrief. Da schreibt Paulus von Jesus: »*Wegen unserer Verfehlungen wurde er hingegeben, wegen unserer Gerechtmachung wurde er auferweckt*« (4,25). Demnach ist die Auferstehung notwendig für unsere Erlösung. Es genügt nicht, dass Jesus am Kreuz gestorben ist, er mußte auch auferstehen. Damit ist er nicht zurückgekehrt in diese Welt des Leids und der Vergänglichkeit. Vielmehr zeigt er seinen Jüngern, dass er nach seinem Tod leibhaft in der Herrlichkeit des Vaters lebt, in ewiger Endgültigkeit. Ewigkeit aber ist nicht eine endlos lange Zeit. Sie ist überhaupt keine Zeit. In ihr ist alles zugleich gegenwärtig, ohne vorher und nachher. So ist durch den Eintritt Jesu in die Ewigkeit auch seine Liebe allen Zeiten gleich gegenwärtig. Daher ist auch die Aussage missverständlich, in der Eucharistie werde unblutig das Kreuzopfer wiederholt. Der Hebräerbief lehrt klar, dass Jesus ein für allemal und unwiederholbar gestorben ist. Aber durch seinen Kreuzestod tritt er in die Ewigkeit ein. Und die ist immer jetzt. Daher feiern wir in der Eucharistie den jetzigen Tod Jesu. Er ist gegenwärtig als unser Heil.

Erlösung heißt also, dass die Liebe Jesu allen Menschen als gegenwärtig angeboten ist. Und alle Sakramente – Taufe, Buße, Eucharistie – sind nur sichtbare Zeichen dafür, dass wir in diese Einheit hineingehören. Heineingetaucht in der Taufe, wieder heineingelassen in der Beichte und am körperlichsten, intensivsten eins mit Jesus in der Kommunion, im Abendmahl – das heißt erlöst sein. Wer seine Liebe annimmt, der kann sagen: Obwohl ich nie und nimmer imstande bin, das Maß an Liebe zu bringen, das ich schuldig bin, so habe ich doch einen, der darin für mich gerade steht, der »die Rechnung bezahlt hat«. In dieser Einheit mit Jesus besteht die Erlösung.

Man kann das in einem Bild ausdrücken: Wir haben im Gasthaus unsere Rechnung zu begleichen; wir sitzen am Tisch und sollten zahlen, aber wir sind zahlungsunfähig. Dann kommt einer und sagt: Die Rechnung übernehme ich, ich begleiche alles. Ich zahle für alle. Jesus kommt und zahlt unsre Schuld. Dadurch ist die Sünde, dieser schuldhafte Zustand der Liebesunfähigkeit in der Welt, beseitigt. Vorausgesetzt, man läßt sich einladen. Man könnte sich ja gleichsam wegsetzen aus der Runde der Eingeladenen und erklären: Mit dem will ich nichts zu schaffen haben, der da für alle zahlen will; ich bestehe auf meiner eigenen Rechnung. Ich gehöre nicht zu dieser Runde. Dann würde man sich von der Erlösung distanzieren und bliebe in seiner Unfähigkeit und Sünde.

Wir müssen nicht einmal mit eigener Anstrengung, mit unseren Werken, uns in diese Einheit hineinbegeben. Paulus betont immer wieder: Nicht aufgrund der eigenen Werke sind wir erlöst. Die Zahlung Jesu ist groß genug. Wir brauchen nicht auch noch ein Scherflein dazu beizutragen. Er liebt für alle hinreichend und deshalb sind alle Menschen erlöst, einerlei in welcher Kultur und zu welcher Zeit sie leben, sind selbst kleine Kinder erlöst, noch bevor sie irgend etwas getan haben.

Wir dürfen uns nur nicht aus der Erlösung heraus stehlen. Dieser Gefahr freilich ist jeder ausgesetzt, der sich weigern möchte, zu dieser Versammlung von Sündern, die Jesus aus allen Menschen aller Zeit um sich schart, zu gehören. Denn Jesus ist, sagt er, gekommen um Sünder zu rufen. Für die muß er ja zahlen, was sie an Liebe schuldig sind. Die will er deshalb in die Einheit mit sich hinein nehmen. Wer also zwar erlöst sein möchte, aber mit Sündern nichts zu tun haben will, der stößt mit ihnen auch Jesus von sich und lehnt so seine Erlösung ab. Nur so verfehlt er sie. Er könnte gleichsam alle Gebote vergessen, wenn er sich nur einprägt: ich darf die Erlösung nicht ablehnen. Und wie lehne ich sie ab? Indem ich Mitmenschen ablehne, in Gehässigkeit und Lieblosigkeit. Alle anderen Gebote gelten nur, weil sie Lieblosigkeit abwehren – Ehebruch verstößt gegen die Liebe, wie Diebstahl und Mord und Lüge lieblos sind. Gebote stellen also keine Liste von Gesetzen dar, die Gott willkürlich erlassen hätte und die nun zu erfüllen wären. Die Erfüllung des Gesetzes ist die Liebe. Deshalb kann Jesus sagen: *»Ich bin nicht gekommen, das Gesetz aufzuheben, sondern es zu erfüllen.«* Sein Leben und sein Tod, die erfüllen das Gesetz, da sie grenzenlose Liebe verwirklichen.

Von dieser Liebe, die unsere Erlösung ausmacht, dürfen wir nicht abrücken. Wir müssen daher versuchen, Sünder zu lieben. Das ist der Kern auch der Feindesliebe: Böse zu lieben, die Sünder sind ja die Bösen. Nicht die Bosheit sollen wir lieben – aber alle Menschen, auch wenn sie böse sind. Denn nur, wenn wir uns in diese Gemeinschaft begeben oder, noch genauer, wenn wir uns nicht herausnehmen, indem wir andere von uns stoßen, können wir an der Erlösung Anteil haben.

Nur wer *das glaubt,* kann sich selbst gegenüber ehrlich sein. Dazu gehört zweierlei: Zum einen muß ich das Gebot ernst nehmen: *Liebe deinen Nächsten wie dich selbst!* Wie dich selbst – als sei er Teil von dir. Das darf ich nicht verwässern und mich nicht daran vorbei mogeln. Davon läßt sich Gott nichts abhandeln, weil das den Menschen ausmacht.

Weiter aber gehört zur Ehrlichkeit auch, dass ich *mein Leben ungeschminkt an diesem Gebot messe.* Und dann werde ich eingestehen müssen: Ich erfülle es nicht. Ich kann zwar nett zu anderen sein, auch etwas spenden. Aber den Nächsten lieben wie mich selbst? – auch dort noch, wo er böse ist, immer, bedingungslos, selbstlos und wenn es mein Leben kostet, – wer brächte das schon fertig! Wer wäre dieser Liebe fähig, für die das Symbol des Kreuzes steht? So läßt sich verstehen, dass Paulus im Römerbrief zunächst fordert: *»Bleibt niemand etwas schuldig«*, dann aber hinzufügt *»außer der gegenseitigen Liebe«*. Warum? Weil wir die ständig weiter schuldig bleiben. Wir lieben nie genug.

Angesichts dieses Versagens in unserer eigensten Aufgabe blieben uns nur die Auswege: Entweder diese Verpflichtung zu leugnen, sie zu verharmlosen oder an uns selbst zu verzweifeln. Sie führen in die Irre. Erst der Glaube an die Erlösung läßt uns wahrheitsgemäß leben. In ihm können wir sagen: Gewiss, ich bin nicht der bessere Mensch, ich bin nicht der Vollkommene und bin nicht der Heilige. Aber ich versuche doch, mich nicht von der Liebe Jesu zu distanzieren, also keinen Menschen von mir zu weisen. Dann aber weiß ich, dass er für mich überreich zahlt, was ich schuldig bleibe. In ihm vermag ich, vermag jeder von uns, genug zu lieben, wenn wir uns auf die Einheit mit ihm, auf die volle Menschlichkeit einlassen. Dann können wir uns unsere Mängel eingestehen und dennoch froh in der Überzeugung leben: wir sind erlöst.

Gott, der Heilige Geist

LUDWIG MÖDL

Gott und Gottes Geist können wir begrifflich nicht angemessen fassen. Doch brauchen wir Begriffe, um unser Ahnen zu benennen und um uns klar zu machen, was der Heilige Geist für unser praktisches Leben bedeutet.

Allgeistigkeit Gottes

Von Anfang an war die Rede vom Heiligen Geist verbunden mit der Erfahrung von Luft und Atem. Wir wissen: Die Luft ist da; wir spüren sie, wenn sie sich bewegt oder wenn wir uns bewegen. Wir wissen: ohne sie könnten wir nicht existieren. Aber wir können sie nicht fassen, können sie nicht in unsere Hände zwingen. So geht es uns mit Gott, dem absoluten Geheimnis. Wir mögen ahnen: Er ist da, aber er bleibt Geheimnis. Menschen fanden Begriffe, bekamen sie zugesprochen, geoffenbart, geschenkt. Gott hat alles geschaffen, so fanden sie, er geht mit uns, er ist mächtig und erbarmend zugleich, er ist heilig, d. h. ganz anders und immer nochmals größer. Er ist eine geistige Kraft, die nahe an unsere Seele greift, ohne in uns aufzugehen oder sich mit uns zu verschmelzen. Er ist da, wenn wir handeln. Wir dürfen mit ihm rechnen – freilich weit über unser Verstehen hinaus.

Dritte göttliche Person

Wir Christen sprechen darüber hinaus noch in anderer Weise vom göttlichen Geist. Wir reden nicht nur von der Allgeistigkeit unseres Gottes, sondern sprechen vom Heiligen Geist als einer göttlichen Person, als einer besonderen Wirklichkeit unserer Vorstellung von Gott als dem Drei-Einen; denn Jesus hat uns geoffenbart, und die Kirche hat erkannt: In Gott selbst gibt es Beziehung, Bewegung, pulsierendes Leben. Diese Beziehungsmacht hat sein Wirken nach außen für uns bedeutend gemacht. Mit drei Stichworten suchen wir das Geheimnis für unser Denken zu sortieren, wobei klar ist: All die Aussagen, die wir über Vater, Sohn und Heiligen Geist machen, gleichen drei Tropfen aus dem Meer der göttlichen Wirklichkeit. Doch diese drei Tropfen reichen uns, um das Angebot Gottes an uns zu verstehen und entsprechend darauf zu antworten. Im Laufe der Heilsgeschichte ist Gott in der Geschichte der Menschen erkennbar geworden, besonders in der Person Jesu Christi. Vor seinem Weggehen hat er uns darauf verwiesen, dass der göttliche Geist, der Heilige Geist, bei denen wirksam bleibt, die zu ihm gehören. Sein Heiliger Geist ist also auch jetzt am Wirken, schafft mitten unter uns weiter, schafft neu, lehrt uns, ins Konkrete zu transportieren, was Jesus redend und lebend gelehrt hat und was durch uns in die je neue Situation hinein neu gestaltet werden soll.

Das Glaubensbekenntnis kleidet das Geheimnis Gottes in drei Stichworte, sucht es auf den Punkt zu bringen mit den Begriffen Vater, Sohn und Geist. Was diese Stichworte für uns und unser Verhalten bedeuten, drücken (ebenso stichpunktartig) die Anfügungen aus, die im Bekenntnis dem jeweiligen Kernwort beigegeben werden:

Zu Vater: Schöpfer von Himmel und Erde.

Zu Sohn: geboren von der Jungfrau, gekreuzigt, gestorben, begraben, hinabgestiegen, auferstanden, aufgefahren, wiederkommend.

Zu Heiliger Geist werden nun fünf Aussagen gemacht. Sie weisen, wie ich meine, auf das hin, was die spezifischen Besonderheiten des christlichen Glaubens sind bzw. was die Rede vom Heiligen Geist lebenspraktisch bedeutet. Was über den Vater gesagt ist, kann auch ein Jude oder ein Moslem unterschreiben. Die Aussagen über den Sohn bekennen nur wir Christen. Die Rede vom Heiligen Geist beinhaltet ebenfalls weithin ausschließlich christliche Überzeugungen, welche nur teilweise mit Lebenspraktiken der anderen abrahamitischen Religionen zusammengedacht werden können. Diese Aussagen zeigen uns deutlich, in welche Richtung die Rede vom Heiligen Geist praktisch zielt. Lassen Sie mich diese fünf Anmerkungen kurz charakterisieren.

Die heilige, katholische Kirche

Da steht zunächst als erste Verdeutlichung zur Bekennerformel: »Ich glaube an den Heiligen Geist« der Satz: *»Ich glaube an die heilige katholische Kirche.«* Die Kirche ist – so wird hier betont – zunächst der Raum, in welchem der Heilige Geist wirkt, wo sein Wirken zu erwarten ist. Wie ist das zu verstehen? Was ist da das Besondere in dieser Kirche, dass daran der Gottesgeist festzumachen ist? In der Kirche sprechen Menschen von Gott, sie feiern die Geheimnisse des Glaubens und sie versuchen, aus dem Glauben heraus das Leben zu gestalten. Im Handeln der Kirche also, in ihrer Verkündigung, ihrer Liturgie und ihrer Diakonie wirkt der Heilige Geist. Allerdings muss dieses bekannt-gewöhnliche Handeln offensichtlich noch mit besonderen Qualitäten behaftet sein; denn noch zwei werden angefügt, die spezifizieren: »katholisch« und »heilig«. »Katholisch« wird im großen Glaubensbekenntnis, dem sog. Nizäno-Konstantinopolitanischen mit noch zwei Attributen verdeutlicht: Es wird gesprochen von der »einen« und der »apostolischen« Kirche. Und das meint wohl: Alle an Christus Glaubenden sollen als eine einige Kirche leben und die Einheit fördern. Dabei muss für alle grundlegend zutreffen: Sie kommen von den Aposteln Christi her, sind also apostolisch. Aber das kann noch nicht alles sein. »Katholisch« meint noch mehr: Es drückt aus: Alles, was kirchenzuträglich ist, muss sich hier sammeln dürfen; denn allumfassend wirkt der Heilige Geist. Er kann auch noch überraschend wirken. Das drückt das große Glaubensbekenntnis aus, indem es sagt: »Der durch die Propheten gesprochen hat.« Die Propheten waren Menschen mit überraschenden Botschaften.

Das entscheidende Merkmal aber dieses ersten Attributs zur Aussage »Ich glaube an den Heiligen Geist« ist – neben dem »katholisch« das »heilig«. Die Kirche soll »heilig sein« bzw. *an ihrer Heiligkeit ist der Heilige Geist zu erspüren*. Was ist darunter zu verstehen? Zunächst ist mit »heilig« nur eine Gott allein zukommende Qualität ausgesprochen; sie wird uns Menschen oft gerade dann bewusst, wenn wir die eigene Unzulänglichkeit spüren. Heiligkeit Gottes und Erbärmlichkeit des Menschen sind meist zusammengedacht. Doch diese Heiligkeit Gottes erweist sich für uns als Erbarmen. Dieses Erbarmen, das nur aus der unendlichen Güte Gottes heraus verstehbar ist, wird in der Kirche verkündet, ja ist in ihrer Verkündigung, in ihrem Beten, in ihren Sakramenten und vor allem in den in ihr geschehenden Werken des Erbarmens gleichsam präsent. Deshalb ist die Kirche heilig zu nennen, da sich in diesem ihrem Tun Gottes Heilszusage präsentiert. Wer berufen und an Christus angebunden ist, der ist – wie Paulus sagt – ein Heiliger. Freilich ist Kirche für viele heute ein Reizwort geworden: Zentralismus, Bürokratisierung und sonstige äußerliche Dominanzen haben dem Image unserer Kirche geschadet. Dass die Kirche heilig sei, ist deshalb schwer vermittelbar. Aber theologisch ist klar – und es sollte auch bald wieder praktisch deutlicher werden: Das Erbarmen des absolut Heiligen ist in der Kirche lebendig geworden, und es wird zumindest dort sichtbar, wo die Zeichen des Erbarmens erfahrbar werden. Dort wirkt der Heilige Geist sichtbar.

Gemeinschaft der Heiligen

Damit haben wir bereits das zweite Attribut angesprochen, an welchem das Wirken des Geistes abgelesen werden soll: *die Gemeinschaft der Heiligen*. Zeugen dafür, dass der Heilige Geist wirkt, so sagt dieser Satz, sind jene Menschen, die Jesus nachgefolgt sind bzw. ihm nachfolgen, und denen ein christlicher Weg gelungen ist oder gelingt. Zu bekennen »Ich glaube an die Gemeinschaft der Heiligen« heißt dann: Es gibt in dieser Kirche Menschen, welche etwas von der Heiligkeit Gottes widerspiegeln. Das bedeutet: Es strahlt etwas von der Erhabenheit, der Ruhe, dem Glück vom Ewigen herüber in diese unsere Welt. An Jesus war das überdeutlich sichtbar. Er war der Heilige in Menschengestalt schlechthin. In der Gemeinschaft derer, die zu Christus gehören, soll seine Heiligkeit erahnbar bleiben. Dass wir in unserer Pastoral und auch Theologie die kanonisierten (d.h. offiziell bestätigten) Heiligen über lange Jahre vernachlässigt haben, ist ein pastorales Manko, das wir beheben müssen, sollten wir die Theologie des Heiligen Geistes wieder fruchtbarer werden lassen. Die Gemeinschaft der Heiligen ist ein Zeichen des wirkenden Heiligen Geistes. Communio ist also ein Merkmal des Geistes, und zwar die communio aller. Das sind jene, die noch leben und glauben, sowie auch jene, die einen gültigen christlichen Weg gegangen sind und die nun bei Gott sind und dennoch in geistiger Gemeinschaft mit den Lebenden stehen. Die Aussage von der communio als Kriterium für den Heiligen Geist lässt sich, wie ich meine, noch ins Allgemeinere ausweiten. Wir dürfen sagen: Die Beziehungen der Menschen zueinander künden, wenn sie Beziehungen im Angesichte Gottes sind, vom Wirken des Heiligen Geistes. Das mag sich besonders intensiv in dem als nächsten genannten Zusatz im Glaubensbekenntnis darstellen.

Vergebung der Sünden

So heißt das dritte Attribut: *»Ich glaube an die Vergebung der Sünden.«* Verzeihen ist unter Menschen ein schwieriges Unterfangen. Wenn jemand betrogen oder hintangesetzt oder in seiner Würde beschädigt oder anderweitig diskreditiert wurde, dann neigt er von Natur aus zur Rache. Die Vorstellung von einer gleichmäßigen Rückzahlung im Sinne von »Aug um Aug« und »Zahn um Zahn« ist schon eine kulturelle Bändigung der Urinstinkte. Wenn aber ein Mensch aufhört, aufzurechnen, wenn er verzeiht, wird kund: Hier ist ein höheres Prinzip am Werk. Vergeben ist ein Zeichen des wirkenden Heiligen Geistes. Buße und Vergebung gehören wesentlich in die Kirche, da alle Menschen – auch die intensiv Glaubenden – Sünder sind und der Vergebung bedürfen. Im »Vater unser« macht Christus darauf aufmerksam, dass menschliches Verzeihen dem göttlichen Erbarmen verbunden ist. Damit ist mit diesem »Ich glaube an die Vergebung der Sünden!« trostvoll gesagt: Es gibt eine Vergebung. Auch nach schlimmsten Vergehen kann ein Mensch Erbarmen finden, wenn er sich Gott zuwendet. Die Kirche kann ihm das zusagen. Wer an die vergebende Barmherzigkeit

Gottes glaubt, dem wird die Kraft gegeben zu verzeihen. Dass Gott vergibt, muss die Kirche zeigen. Der Heilige Geist bewirkt Vergebung.

Auferstehung der Toten

Ein viertes Zeichen des wirkenden Heiligen Geistes nennt das Glaubensbekenntnis: *»Ich glaube an die Auferstehung der Toten«* bzw. *»des Fleisches.«* Der Glaube an die Auferstehung spielt seit den Anfängen der Kirche eine bedeutende Rolle. Paulus macht davon die Sinnhaftigkeit des christlichen Weges überhaupt abhängig. »Wenn Christus auferweckt worden ist, wie können dann einige sagen: Eine Auferstehung der Toten gibt es nicht? Wenn es keine Auferstehung der Toten gibt, ist auch Christus nicht auferweckt worden. Ist aber Christus nicht auferweckt worden, dann ist unsere Verkündigung leer und euer Glaube sinnlos« (1 Kor 15,12–14).

Gemeint ist mit Auferstehung der Toten: Leben nach dem Tod als der Mensch, der ich im Leben geworden bin – gleichsam gespeichert und bleibend mich verwirklichend. Wer zu Christus, dem Lebenden, gehört, der darf auch noch mit ihm leben, nachdem er ihm im Sterben gefolgt war. Fürs Konkrete bedeutet dieser Glaube zweierlei: Wo immer ein Mensch erfährt: Mit mir geht es abwärts, ich bin eingeschränkt, ich habe Schmerz oder Trauer, kann er sich sagen: Auch unter den Bedingungen von Leid und Absterben gibt es ein Heil! Es ist da. Ich darf hoffen. Das alles ist nicht sinnlos. In dem allem steckt verborgen ein Funke neuen Lebens. Und daraus ergibt sich für uns, die Glieder der Kirche: Die Leidenden, die Sterbenden, die zu kurz Gekommenen verdienen, besonders beachtet zu werden. In ihren Defizienzen liegen Potenzen. Da ist pastoral einiges zu korrigieren!

Ewiges Leben

Bleibend bei Gott leben heißt die fünfte Aussage. *»Ich glaube an das ewige Leben.«* Wo dies eine Option für Menschen ist, dort lässt sich erspüren: Der Heilige Geist wirkt. Er lässt erkennen: Ich habe immer noch eine Zukunft. Ich glaube an die Vollendung aller Schöpfung. Selbst am Rand des Grabes kann ich sagen: »Ich weiß, dass mein Erlöser lebt.« Ich werde mit ihm auferstehen! Da dies in früheren Zeiten pastoral überbetont und in nicht seltenen Fällen auch missbräuchlich verkündigt wurde, hat sich jene Skepsis breit gemacht, die Karl Marx in einem seiner Kernsätze formulierte: Religion ist »Opium des Volkes«, d.h. der Glaube an eine bleibende Zukunft bei Gott sei Illusion und Handlungshemmer. So schrieben kritische Jugendliche der Kirche an die Mauern: »Es gibt ein Leben vor dem Tod.« Sie haben recht, das Leben vor dem Tod gilt es zu gestalten, aber eben mit dem Glauben. Das endgültige Ziel ist das Leben nach dem Tod. »Ich glaube an das ewige Leben.«

Zusammenfassung

Wir können vom Heiligen Geist reden oder reden bereits indirekt von ihm, wenn wir grundlegend festhalten und alles dransetzen, dass sichtbar wird: In der Kirche spiegelt sich etwas von der Heiligkeit des Göttlichen, in katholischer, das heißt vielschichtiger Weise kommt dies zum Tragen. Die Gemeinschaft der Gerechten steht vor Gott, und wir dürfen zu dieser Gemeinschaft gehören. Sie zeigt sich dort, wo es unter uns Vergebung gibt und wo der Gedanke an Auferstehung und Ewigkeit bei Gott zu einem leitenden Motiv für unser Leben werden – nicht vertröstend, sondern bestärkend. So dürfen wir mit dem Apostolikum festhalten: Der Glaube an den Heiligen Geist drückt sich aus, wenn Menschen sagen (und dies handelnd begleiten): Ich glaube an die heilige, katholische Kirche, die Gemeinschaft der Heiligen, die Vergebung der Sünden, die Auferstehung der Toten und das ewige Leben.« Das sind die Themen, welche die Rede vom Heiligen Geist ausfalten und konkretisieren.

Der Geist Gottes und die Identität des Menschen

BERND JOCHEN HILBERATH

Die Relevanz des christlichen Bekenntnisses zum Heiligen Geist entwickle ich anhand der folgenden *Doppel-These* theologischer Anthropologie und Pneumatologie:
1. Menschen finden ihre Identität, indem sie sich selbst überschreiten. Diese Bewegung der Selbsttranszendenz umfasst zwei Schrittfolgen: Das sich Übersteigen auf die Anderen hin und das Zurücktreten, um den Anderen Raum zu geben.
2. Das, was wir im Blick auf die Erfahrung des Heiligen Geistes als das Charakteristische seines Personseins bezeichnen können, ist genau dies:
Ekstase, d. h. aus sich heraus gehen in das Nicht-Göttliche, in die Schöpfung – sich zurücknehmen und der Schöpfung Raum geben, damit sie ihr Gesicht erheben, damit sie am Leben in Fülle teilhaben kann.

I. Der theologisch-spirituelle Ort der These

Der Vorwurf der Geistvergessenheit an die Adresse der westlichen, lateinischen Kirche und ihre Theologie ist nicht neu. Längst wurde er selbstkritisch aufgegriffen und stellt inzwischen einen Topos in der Einleitung zu jeder Pneumatologie (Lehre vom Heiligen Geist) dar. Dabei suggeriert der Terminus »Geistvergessenheit«, Kirche und Theologie hätten den Heiligen Geist überhaupt aus dem Blick verloren. Dies ist nicht der Fall, so dass wir besser von einem pneumatologischen Defizit reden: Der Heilige Geist wird untergeordnet, nicht adäquat gewürdigt, verdrängt oder kontrolliert. Damit ist schon angedeutet, dass die Gründe für dieses Defizit vielfältig sind.

Ein nach meiner Wahrnehmung entscheidender Grund wird zumeist übersehen. Ich nenne ihn den **psychologischen bzw. spirituellen** Grund: Die für das pneumatologische Defizit bzw. die Domestizierung des Geistes in Kirche und Theologie Verantwortlichen haben nach meiner Wahrnehmung in ihrem Leben zu selten die Erfahrung gemacht bzw. machen dürfen, dass Selbstüberschreiten auf die anderen hin nicht Verlust der eigenen Identität bedeutet, sondern diese fördert, ja geradezu erst ermöglicht. Diese Geistvergessenheit kann zur Angstbesessenheit werden, kann zu einem fundamentalen Misstrauen und überzogenem Sicherheitsbedürfnis führen. Von hierher erklärt sich die Dominanz der institutionellen, juridischen und formell-dogmatischen Elemente.

In jüngster Zeit bin ich selbst zurückhaltender geworden gegenüber der interpersonalen Analogie und einem intersubjektiven Konzept der Trinität als Gemeinschaft von Personen.[1] Dennoch gilt: Die Selbstüberschreitung Gottes, wie sie sich uns zeigt im Vater, der sich gnädig seiner Schöpfung zuwendet, im Sohn, der sich zum Heil der Welt selbst erniedrigt, im Heiligen Geist, der Platz macht, damit die Schöpfung aufatmen kann, gehört zum Wesen Gottes, aus dem seine Schöpfung lebt und an dem sie sich orientiert.

Im folgenden skizziere ich zunächst (II) die biblische Grundlegung der These und ziehe dann (III) systematisch-theologische Konsequenzen im Blick auf das Personsein des Heiligen Geistes, hinsichtlich der Kirche als Geistgeschöpf und schließlich im Sinne einiger Kriterien für ein geistgemäßes Leben.

II. Biblische Grundlegung: Gottes Selbsttranszendenz in Seinem Geist schafft dem Menschen die Fähigkeit zur Selbsttranszendenz

1.Der Geist der Schöpfung

Wenn wir die Vielfalt des alttestamentlichen Geistzeugnisses strukturieren wollen, so bietet sich als Orientierungsmarke der Zusammenhang von Geist und Leben an. Dieser Zusammenhang muss dabei keineswegs ausschließlich positiv erscheinen; der

Geist wird nicht nur als Leben fördernder, sondern auch als Leben zerstörender erfahren. Von ihrer etymologischen Urbedeutung her[2] bezeichnet die hebräische Vokabel ruach eine überraschende, heftige Luftbewegung wie den Wind- oder den Atemstoß und damit die für das Leben notwendige Atemluft bzw. klimatische Atmosphäre. Beides ist nicht selbstverständlich gegeben, und die Erfahrung des todbringenden Ausbleibens der ruach bzw. der zerstörerischen Kräfte des Ostwindes kennzeichnet die Ambivalenz menschlicher Existenz. Dies bringt auch der frühe anthropologische Verwendungszusammenhang zum Ausdruck, wo ruach eine unberechenbare, gewaltige, ja gewalttätige physische und psychische Vitalität bezeichnen kann. Erst seit der Exilszeit steht ruach auch für das ruhige, gewöhnliche Atmen des Menschen. Jetzt lässt sich die Bedeutung von ruach – über »Lebenskraft, Gemüt, Wille« hinaus – auch mit »Geist« wiedergeben.

Die Beziehung zu dem aus den gleichen Buchstaben (das *u* wird als *w* gelesen) gebildeten Wort rewach, welches als Verb »leicht, weit sein« bzw. als Substantiv »Weite, Raum« (auch »Befreiung, Erleichterung«) bedeutet, ist umstritten. In pneumatologischer Hinsicht wäre eine Grundbedeutung »Raum schaffen, in Bewegung setzen, aus der Enge in die Weite führen und so lebendig machen« hochinteressant.[3]

Es ist charakteristisch für die alttestamentlichen Geisterfahrungen, dass die profane bzw. anthropologische Verwendung von ruach häufig in einen theologischen Bedeutungszusammenhang eingeordnet wird. Die Erfahrung des Exils öffnet auch noch einmal die Augen für das Wirken des Gottesgeistes in der Schöpfung. Die Entnationalisierung und Universalisierung der Gotteserfahrung Israels ermöglichte es, die Naturphänomene Wind und Atem enger mit dem Wirken des Schöpfers zu verbinden. Was früher in einzelnen Lebenssituationen erfahren wurde, erweitert sich zur Erfahrung des bleibenden Angewiesensein auf die lebenspendende ruach Jahwehs.

Ihre schöpferische Macht besingt auf eindrucksvolle Weise der Schöpfungspsalm 104, dessen zentrale Verse 29 und 30 lauten: »Verbirgst du dein Gesicht, sind sie verstört; nimmst du ihnen den Atem, so schwinden sie hin und kehren zurück zum Staub der

Erde. Sendest du deinen Geist aus, so werden sie alle erschaffen [barah], und du erneuerst das Antlitz der Erde.«
Der Text erinnert zunächst an einen Grundzug des Phänomens Geist: seine Souveränität und Unverfügbarkeit. In theologischem Zusammenhang heißt dies: ruach ist nicht göttliche Tiefendimension des Lebens, sondern Lebensmächtigkeit, welche Gott in seiner Selbsttranszendenz auf die Menschen hin beständig schenkt. Die dynamische Relation zwischen der ruach Gottes und der des Menschen lässt sich daran ablesen, dass nicht nur Gottes Geist und der Geist der Menschen, sondern auch Gottes »Gesicht« und das »Antlitz« der Erde in Beziehung gebracht werden:

V.29 dein Angesicht		ihr Geist
	–	
V.30 dein Geist		das Angesicht der Erde

Das Anblicken, die Zuwendung Gottes in seinem Gesicht, lässt leben und erneuert das Leben, lässt die Menschen, ja die ganze Schöpfung »aufatmen« und »aufblicken«.[4] Sich öffnen, sich zuwenden, Beziehungen eingehen – diese Elemente des »theo-anthropologischen« Begriffs »ruach« haben schöpfungs- und bundestheologisch gesehen Konsequenzen für das Miteinander der Menschen: »Der ›Geist des Herrn‹ meint diese gegenseitige Offenheit und wehrt in jeder Weise einem Denken, das sich Gott und Welt/Mensch als gegeneinander abgeschlossene und kommunikationslos gegenüberstehende ›Größen‹ vorstellt. Solche ›geisterschlossene Offenheit‹ prägt aber auch das menschliche Wesen in seinem Verhältnis zu Gott, zur Welt und zum Mitmenschen, nicht zuletzt das Verhältnis von Mann und Frau.«[5] Die Selbsttranszendenz Gottes in seinem schöpferischen Geist ermöglicht die Selbsttranszendenz des Menschen auf die Mitgeschöpfe und auf den Schöpfer hin.

2. Der Geist der Versöhnung zu neuem Leben

Wegen der Unstetigkeit, der Treulosigkeit und des In-sich-selbst-Gefangenseins, der Selbst-zentriertheit[6] des Menschen sind Schöpfung und Leben immer wieder gefährdet. Gottes geistgewirkte, gute Schöpfung ist ständig dadurch bedroht, dass die Menschen ihrer im Geist begründeten Verantwortung für die Schöpfung nicht gerecht werden. Rivalisierende egoistische und ausbeuterische Interessen gefährden das Gutsein der ganzen Schöpfung. Zu ihrer Bewahrung und Förderung des Lebens ist deshalb das Wirken des Geistes notwendig, der sich unserer Schwachheit annimmt (Röm 8,26).

Wo es um die Erneuerung der Schöpfung geht, kommen das Wirken des Geistes im prophetischen Wort einerseits und in der umgestaltenden Tat am Herz der Menschen zusammen.

In charakteristischer Weise treffen wir auf diesen Zusammenhang bei Ezechiel, mit dem die theologische Vertiefung der Vokabel ruach beginnt. In der Vision von Ez 37 wird das lebendig begrabene, hoffnungslose Volk Israel aufgrund des Prophetenwortes durch den Geist des Herrn zu neuem Leben und neuer Hoffnung erweckt. Was der Prophet schaut, ist zunächst nicht die Auferweckung der Toten am Ende der Tage, sondern die in Analogie zur ersten Schöpfung (vgl. die Verben »anblasen«, »lebendig machen«) beschriebene Neu-Schöpfung Israels, konkret: Die Heimkehr in das Land (Ez 37,14). Theologisch gesehen ist bemerkenswert, dass dieses Neuschaffen mit dem Öffnen der Gräber und dem Heraufholen aus den Gräbern verglichen wird: Gottes Geist wirkt an der Trennungslinie zwischen Tod und Leben. Wie in Ez 37 die Beschreibung der Todesstarre des Volkes gesteigert wird, so sammelt der Text überlieferte ruach-Vorstellung ein und überbietet sie: Entrückung (V. 1), kosmische Winde und Lebenshauch (V. 9), der »auf die Beine« hilft (V. 10), aus den Gräbern treibt und zur neuen Gemeinschaft mit Jahweh führt (V. 14) und darin Gotteserkenntnis ermöglicht (V. 6.13.14).

Die prophezeite Erfüllung alter Verheißungen (Land, Volk) setzt nach der Erfahrung des Exils die Umwandlung des Menschen voraus, wie sie in Ez 36, 24–28 (in einer nachezechielischen Fassung?) eindrucksvoll beschrieben wird:

»Ich hole euch heraus aus den Völkern, ich sammle euch aus allen Ländern und bringe euch in euer Land.

Ich gieße reines Wasser über euch aus, dann werdet ihr rein. Ich reinige euch von aller Unreinheit und von allen euren Götzen.

Ich schenke euch ein neues Herz und lege *einen neuen Geist* in euch. Ich nehme das Herz von Stein aus eurer Brust und gebe euch ein Herz von Fleisch.
Ich lege *meinen Geist* in euch und bewirke, dass ihr meinen Gesetzen folgt und auf meine Gebote achtet und sie erfüllt. Dann werdet ihr in dem Land wohnen, das ich euren Vätern gab. Ihr werdet mein Volk sein, und ich werde euer Gott sein.«

Der Bedeutungsgehalt von »leb« (Herz) sperrt sich gegen eine individualistische Verengung der hier verheißenen Umwandlung und Erneuerung. Es geht vielmehr um eine neue Zentrierung des Menschen – kraft seiner Ausrichtung auf Gott und in seiner Zuwendung zu den Menschen (»damit ihr meinen Gesetzen folgt …«), d. h., der Geist ordnet die Beziehungen des Menschen neu. Ziel der Geistgabe ist die neue Gemeinschaft. Ez 36 überbietet die Verheißung des neuen Bundes in Jer 31,31-34 noch dadurch, dass hier der Geist selbst als Heilsgabe erscheint.
Der Nachtrag Ez 39,29 (»Ich verberge mein Gesicht nicht mehr vor ihnen; denn ich habe meinen Geist über das Haus ausgegossen«) verbindet Ez 37,14 und 36,27 und präludiert in seiner Terminologie die Stelle beim Propheten Joel (3,1–5), an der die Ausgießung des Geistes über ganz Israel (»alles Fleisch« = alle Völker?) verheißen wird. Die Bitte, der Geist möge alle zu Propheten machen, zielt in diesem Kontext nicht auf ekstatische Verzückungen, sondern auf die Erfahrung der Nähe, ja der Unmittelbarkeit Gottes, auf die Erkenntnis seines Willens.
An den beiden Hauptzeugen des Neuen Testaments – Paulus und Johannes – können wir das Charakteristische dieses Geistes des neuen, versöhnten Lebens ablesen.
In pneumatologischer Perspektive hat die Verkündigung des **Paulus** zwei Ziele, die in einem eindeutigen Abhängigkeitsverhältnis stehen: Der Geist des Herrn ist Geschenk und Verpflichtung; Verpflichtung aber nur, weil zuvor Geschenk. Als Kernsätze paulinischer Verkündigung lassen sich formulieren:
1. Durch seinen Tod am Kreuz hat der Messias Jesus, der Christus Gottes, uns aus der Sklaverei der Sündenmacht freigekauft, von allen Zwängen zur Selbstrechtfertigung vor Gott befreit; wer sich

im Glauben darauf einlässt, wird den verheißenen Geist, die von den Propheten angekündigte Gabe, empfangen.[7]

2. Wer in der Taufe mit Christus gestorben und auferstanden ist, wer durch den Geist die Freiheit der Kinder Gottes erlangt hat, der soll darauf achten, dass er nicht wieder stirbt und sich an todbringende Mächte versklavt.

Es genügt für unseren Zusammenhang darauf aufmerksam zu machen, dass die Selbstüberschreitung Gottes in seinem Geist dem Einzelnen wie der Gemeinschaft Selbsttranszendenz ermöglicht, so dass die Verheißung des Lebens in Fülle sich realisieren kann. Wer dem Geist folgt, pocht nicht auf das Eigene, empfängt im Glauben die Gerechtigkeit vor Gott (vgl. Gal 3,16–21), lässt sich zur Freiheit befreien (vgl. Gal 5,1), ist als vom Geist Geheiligte(r) (vgl. 1 Kor 6,11; 2 Thess 2,13) frei für ein heiligendes und heilendes Leben im Dienst an den Brüdern und Schwestern (vgl. Gal 5,13–26). Geistliche Existenz heißt für Paulus: »Nicht mehr ich lebe, sondern Christus lebt in mir« (Gal 2,20).

Die geistliche Maxime des Paulus – ›Wer den Geist empfangen hat, soll aus dem Geist leben‹ – impliziert ein Doppeltes: Wem im Heiligen Geist die Freiheit der Kinder Gottes geschenkt wurde, soll sich nicht selbst aufs neue versklaven. Und: Dieser Freiheit von unterdrückenden, todbringenden Mächten entspricht die Freiheit für Christus und, in der Nachfolge des Gekreuzigten, für die Mitmenschen. In diesem Zusammenhang stellt Paulus in Gal 5,19–26 den Werken des Fleisches die Frucht des Geistes gegenüber und unterstreicht so den Geschenkcharakter des Pneuma.

Im Zentrum der Pneumatologie des **Johannesevangeliums** steht der Paraklet (Beistand, Advokat) als der Geist der Wahrheit. Dass diese Konzeption die alte Erfahrung von dem Zusammenhang zwischen Geist und Leben in sich aufgenommen hat, zeigt die Verschränkung der typisch johanneischen Theologumena »Wort – Wahrheit – Leben – Geist«. Was Paulus in 1 Kor 15,45 von dem pneumatischen Christus als dem endgültigen Menschen sagt, wird bei Johannes zum Charakteristikum des Geistes: Er ist »pneuma zoopoion«, lebendigmachender Geist (6,63a). Deshalb also sind die Worte Jesu »Geist und Leben« (63b), weil in ihnen zugleich der lebenschaffende Geist vermittelt wird.

Weiterhin kennt auch Johannes den Zusammenhang von Glauben und Geistempfang, Getauftwerden und neuem Leben aus dem Geist: »Wenn jemand nicht aus Wasser und Geist geboren wird, kann er nicht in das Reich Gottes kommen« (3,5). Dieses Wiedergeborenwerden des Glaubenden ist ein Geborenwerden »von neuem« (3,3.7: anothen, wörtlich: von oben), »aus dem Geist« (3,6), und das heißt: aus Gott selbst (vgl. 1,13). Bei dieser »Wiedergeburt« handelt es sich weder um einen automatisch sich vollziehenden noch um einen magischen oder mysteriösen Prozess, sondern um ein Freiheitsgeschehen von Empfangen und Antwortgeben. Nach 1 Joh 4,13 ist die Gabe des Geistes Zeichen der Verbundenheit mit Gott, und dieses Gezeugtsein aus Gott zeigt sich in Sündlosigkeit, Gerechtigkeit und Liebe zu den Brüdern und Schwestern (1 Joh 3,9 f; 4,7). Die Wirksamkeit des Geistes, seine Lebensmacht, sein Beistand und sein Wahrheitszeugnis werden zunächst im Innern des Menschen erfahren, aber diese Erfahrungsgewissheit drängt nach außen, will im Lebenszeugnis bestätigt sein. Von spektakulären Geisterfahrungen ist nicht die Rede. Worauf schon Paulus Wert legte, steht im johanneischen Schrifttum ganz im Blickpunkt des Interesses: Der Empfang des neuen Lebens aus dem Geist realisiert sich im alltäglichen, der »Welt« freilich keineswegs selbstverständlichen Leben der Christen.

3. *Auswertung*

Die in der Bibel bezeugten und reflektierten Geisterfahrungen können wir von unserem systematischen Begriff »Identität durch Selbsttranszendenz« her so auswerten:
Nur eine radikale, d.h. eine bis an die Wurzeln reichende, die Herzmitte betreffende Neuschöpfung des Menschen kann bewirken, dass es im Raum der Schöpfung wieder gottgemäß, dem Heiligen Geist entsprechend, zugeht. Aus dieser Einsicht heraus richtet sich die Hoffnung auf das endzeitliche neuschaffende Wirken Gottes: Er schenkt ein neues Herz, einen neuen Geist (vgl. Ez 36), auf dass der Mensch – neu geboren aus dem Geist (vgl. Joh 3,1–13) – teilhaben kann am Reich Gottes, die neue Lebensgemeinschaft realisieren kann. Die Gabe des Geistes bedeutet die Zusage, dass

dieses neue Leben möglich ist, und sie impliziert die Aufgabe, jetzt schon dieses neue Leben zu realisieren, aus dem empfangenen Geist heraus zu leben.

III. Systematisch-theologische Konsequenzen

1. Der Heilige Geist als trinitarische Person

1.1 *Pneumatologische Anwendung des »trinitätstheologischen Grundaxioms« (K. Rahner)*

Was Karl Rahner so nennt, stellt die Formulierung eines methodologischen Grundsatzes der Trinitätstheologie dar: »Die ›ökonomische‹ Trinität *ist* die immanente Trinität und umgekehrt.«[8] Gott offenbart sich **selbst** (also nicht völlig anders als er in sich, immanent, ist) in der Heilsgeschichte (gr. oikonomia), und Gott kann *nur auf Grund seiner Erfahrung* in der Geschichte (der Einzelnen wie der Menschheit) als sich offenbarender erkannt werden. In der Diskussion um diesen methodologischen Grundsatz lassen sich drei Argumentationstypen unterscheiden:
Der *erste* Typ läuft letztlich auf die Behauptung hinaus, dass Gott als Gott (» an und für sich«, in se) nicht trinitarisch sei, sondern erst in der Heilsgeschichte trinitarisch werde. Hat diese »ökonomische Erscheinung« aber noch etwas mit dem »immanenten Wesen« zu tun, wenn wir mit ›Geist‹ *nichts anderes* meinen als »experience of the unity with the personally acting presence of God himself«[9]? Dass wir gerade im Heiligen Geist die Gegenwart Gottes erfahren, ist biblisch gut bezeugt. Problematisch erscheint mir in dieser Hinsicht allerdings, wenn Lampe am Ende bekennt, dass er zur Artikulation der christlichen Grunderfahrung das trinitarische Modell für weniger befriedigend hält als das »unifying concept of God as Spirit«[10]. Da ist m.E. das Bekenntnis zum dreieinigen Gott selbst tangiert, insofern die immanente Trinität nicht mehr trinitarisch zu sein scheint.[11]
Der *zweite* Argumentationstyp, wie ihn vor allem Piet Schoonenberg repräsentiert, verfolgt zwei Ziele: Erstens soll das trinitäts-

theologische Grundaxiom in dem Sinn ernst genommen werden, dass wir unabhängig von der heilsgeschichtlichen Erfahrung nichts über Gott wissen können. Darüber hinaus sorgt sich Schoonenberg um die Integrität des anthropologischen Personbegriffs, die er gefährdet sieht, wenn Wort und Geist in ihrem Status bzw. Prozessus schon vor der Heilsgeschichte als Person bezeichnet würden. Stattdessen spricht er von einer Personalisierung des Logos und des Pneuma in der Oikonomia. Gegenüber Einwänden hat Schoonenberg seine Position weiter abzusichern versucht. Seine Argumentation kann in dem folgenden Satz zusammengefasst werden: »So werden alle drei im Christusereignis etwas, was sie vorher nicht waren, und bleiben dabei, was sie sind.«[12]

Den *dritten* Argumentationstyp möchte ich als den Versuch charakterisieren, eine analogische (oder vielleicht weniger missverständlich: doxologische) Brücke zwischen der Artikulation der heilsgeschichtlichen Erfahrung des dreieinigen Gottes (Deus in se **pro nobis**) und dem stammelnden Zur-Sprache-Bringen Gottes in seiner Herrlichkeit selbst (Deus **in se** pro nobis) zu schlagen. In diesem Sinn kann Rahners trinitätstheologischer Grundsatz in sechs Einzelaussagen entfaltet werden. Das Axiom besagt:

(1) Wir können Aussagen über den dreieinigen Gott nur formulieren aufgrund der Erfahrung Gottes in der Geschichte.

(2) Diese Erfahrungen sind auf die Selbstoffenbarung Gottes zurückzuführen bzw. durch seine Selbstmitteilung ermöglicht.

(3) Wir können Gott aufgrund der heilsgeschichtlichen Erfahrung zwar nicht letztlich begreifen, definierend festsetzen oder in seinem Wesen ausschöpfen,

(4) aber in diesen geschichtlichen Erfahrungen den dreieinigen Gott selbst erfahren (ansonsten würde sich die Überzeugung von der Offenbarung als Selbstmitteilung selbst aufheben).

(5) Unsere theologischen Aussagen können zwar das Wesen Gottes nicht adäquat fassen, aber sie sind auch nicht so inadäquat, dass unsere Erfahrungen mit der Wirklichkeit Gottes gar nichts zu tun haben.

(6) Unsere Metaphern und Begriffe müssen sich immer wieder durch ein Eintauchen in die Grunderfahrungen, durch ein Sich-Öffnen für den je größeren Gott korrigieren lassen.

Entscheidend scheint mir zu sein, dass die gegenläufige Bewegung, die das Grundaxiom mit der häufig überlesenen Wendung »und umgekehrt« beschreiben will, im Blick bleibt: Unser *Erkenntnisweg* geht von den Erfahrungen, von dem Wirken zur Wirklichkeit Gottes; Gottes *Offenbarungsweg*, sein Aus-sich-Herausgehen auf uns hin wird darin als die Bedingung der Möglichkeit unserer Erfahrung, unseres Erkenntnisweges erkannt.

Auf die Pneumatologie angewendet besagt der methodologische Grundsatz, dass wir von den Erfahrungen des Geistes in der Geschichte ausgehen müssen und uns dem anzunähern versuchen, was Wirklichkeit und insbesondere Personsein des Heiligen Geistes genannt werden kann.

Die Adaption des Grundaxioms auf die Pneumatologie bedeutet also:

(1) Wir gehen von spezifischen Geisterfahrungen aus.

(2) Wir erfahren diese als vom Geist Gottes selbst als geschenkt.

(3) Wir halten uns bewusst, das ›Wesen‹ bzw. die ›Person‹ des Heiligen Geistes zwar nicht begreifen,

(4) aber dennoch in der Erfahrung des sich schenkenden Geistes erspüren zu können.

(5) Wir überprüfen die Angemessenheit des Personbegriffs,

(6) und lassen zugleich von den Geisterfahrungen her unsere Begriffe, insbesondere auch den der Person korrigieren.

Diese sechs Gesichtspunkte sind aufeinander bezogen. Es lässt sich zeigen, dass es sich um drei Kontrastpaare handelt: Es geht um unsere Erfahrungen – als vom Geist geschenkte; wir können den Geist nicht begreifen – und doch als ihn selbst erspüren; wir wenden unsere Begriffe an, und lassen sie in dieser Anwendung korrigieren.

1.2 Konkretion im Sinne unserer These

Der Geist des Lebens in seiner ›personalen‹ Wirklichkeit

Um der Transparenz der Methode und der Überprüfbarkeit der Argumentation willen halte ich mich im folgenden strikt an die eben aufgezeigten sechs Teilschritte im Sinne des pneumatologisch angewendeten trinitätstheologischen Grundaxioms.

a) Ausgang: Geisterfahrungen

Der Versuch, den vielfältigen und z. T. widersprüchlichen, ›Geisterfahrung› genannten Phänomenen innerhalb wie außerhalb der biblischen Schriften gerecht zu werden und zugleich heutiger Rezeption einen verstehenden Zugang zu bahnen, kann sich daran orientieren, dass der einschlägige Sprachgebrauch einen ursprünglichen Zusammenhang von ›Geist‹ und ›Leben‹ verrät. Zumeist handelt es sich um eine religiöse Urbedeutung. Darüber hinaus kennzeichnen den ›Geist‹ häufig die Eigenschaften ›Unverfügbarkeit‹ und ›Verbindung schaffende Kommunikationskraft‹.

b) Vergewisserung: Erfahrung des Heiligen Geistes

Mit dem Phänomen der Geisterfahrung scheint sehr bald, möglicherweise von Anfang an, das Problem der Unterscheidung der Geister aufgetaucht zu sein. Was sind böse, was gute Geister, was Dämonen, was Engel? Und selbst wenn der ›Geist‹ als lebendigmachender erfahren und beschworen wird, bleibt die Frage: Was ist das wahre Leben?

Hier greift das erste Kriterium: Der Geist, der wahres Leben schenkt, ist unverfügbar. Wahres Leben kann nicht einfach hergestellt, wohl aber empfangen, bewahrt, aber auch verloren und wiedergewonnen werden. Wo dies als fundamentale Erfahrung sich versprachlicht, reden Menschen von ›Geist Gottes‹ oder vom ›Heiligen Geist‹. Das zweite Kriterium konkretisiert: Sosehr es zutrifft, dass dem/der Einzelnen die Erfahrung des Geistes zuteil wird, dass einzelne Menschen vom Geist ergriffen werden (freilich kann es auch eine ganze Gruppe von ›Propheten‹ sein), dass jede/r von ihm beschenkt, verwandelt, neu geschaffen wird, – dieses ›geistliche‹ Geschehen zielt dennoch auf die Gemeinschaft. Geist ermöglicht Zuwendung, Beziehung, Kommunikation, Gemeinschaft.

Hierin ist zugleich der Erfahrungsgrund des christlichen Bekenntnisses zur ›Personalität‹ des Heiligen Geistes zu suchen: In den pneumatischen Erfahrungen zeigt sich nicht eine unpersönliche, anonyme göttliche Macht, sondern die wirkmächtige Gegenwart Gottes selbst. Die Gabe präsentiert zugleich den Geber. Aus der Erfahrung des Geistes darf gefolgert werden, dass der, der Personsein in Freiheit und Gemeinschaft ermöglicht, selbst nicht aperso-nal gedacht werden kann.

c) Grenzen des Begreifens

Zur methodischen Vergewisserung sei nochmals betont: Es geht im folgenden nicht um erfahrungsenthobene Spekulationen, sondern um Ortsbestimmung, um das Festmachen pneumatischer Erfahrungen in der Wirklichkeit des göttlichen Pneumas selbst. Selbst wenn es sich als gangbarer Weg erweist, von den Erfahrungen des geschenkten Lebens, der gewährten Freiheit, der tragenden Wahrheit aus dem ›Wesen‹ des ›Geistes‹ auf die Spur zu kommen und in dem, was ›Geist‹ und was ›Liebe‹ meinen, die gleiche Grundstruktur zu entdecken, lässt sich der (Heilige) Geist (Gottes) nicht definieren. Dies würde ja seinem Wesen geradezu widersprechen! Die Feuerprobe menschlicher Sprechversuche besteht darin, sich in der Erfahrung bewähren wie korrigieren zu lassen. Wenn nun biblisch-christliche Erfahrung bezeugt, dass ›den Geist erfahren‹ heißt, ›Gott selbst erfahren‹, – was an trinitätstheo-logischer und pneumato-logischer Erklärung ist dann vonnöten, um diese Erfahrung zu schützen?

d) Möglichkeiten des Begreifens

Doch wie lässt sich das Personsein des Heiligen Geistes fassen, und in welchem Verhältnis steht es zum Personsein des Vaters und des Sohnes? Gibt es etwas Gemeinsames in dem jeweiligen Personsein, und welchen Sinn hat es, einen personalen Gott in drei Personen zu bekennen?

Wer einen anthropologischen Zugang zur Pneumatologie bahnen will, kann bei dem ansetzen, was im normalen Sinn als allgemeines Kennzeichen des Geistes gilt: »das Sein-Können des Einen in oder bei dem Anderen«[13]. Es legt sich nahe, dieses Teilhabe- und Teilnahme-Verhältnis auf der interpersonalen Ebene als Liebe zu beschreiben.

In Trinitätstheologie und Pneumatologie ist es üblich, einerseits die *Wirklichkeit Gottes insgesamt als Geist und Liebe zu bestimmen* und andererseits genau diese zwei Charakteristika als Spezifika des *heiligen-heilenden* Geistes zu bestimmen. Wenn diese Sprachregelung

die Bestimmung der Eigenart des Geistes eher erschwert und dennoch beibehalten wird, lohnt sich vielleicht der Versuch, genau diese doppelte Charakterisierung als Leitfaden zu nehmen, um Eigenart, Ort und Funktion des Geistes im trinitarisch-beziehungsreichen Gott zu bestimmen:
Wenn die Wirklichkeit des *Geistes* im Aus-sich-Sein und Beim-andern-Sein sich vollzieht und wenn von Gott gesagt werden muss, dass er immer schon außer sich beim anderen und darin bei sich selbst ist,
wenn *Liebe* im ekstatischen Aus-sich-Herausgehen und Mit-dem-andern-Einssein sich ereignet und wenn von Gott gesagt werden muss, dass er immer schon sich dem anderen öffnet, mit ihm in Liebe eins und so er selber ist,

wenn also Gott immer schon das realisiert, was wir mit Geist und Liebe meinen,

dann steht »Heiliger Geist« genau für diesen Vollzug, in dem der Vater im Sohn beim anderen seiner selbst und zugleich immer schon bei sich selbst ist und der Sohn im Vater beim anderen und zugleich bei sich selbst ist. Der Heilige Geist ist der »Raum«, das »Medium«, das »Geschehen«, in welchem Vater und Sohn immer schon bei sich selbst und beim anderen sind, ›in noch größerer Selbstlosigkeit selbstbezogen‹[14]. Solchermaßen Selbstlosigkeit und Selbstbezug in sich vereinigend, kann der Heilige Geist geradezu als ›das Im-anderen-seiner-selbst-Sein Gottes in Person‹[15] bezeichnet werden.
Der Heilige Geist ist das Geschehen liebender Begegnung, der Raum, in den hinein Vater und Sohn sich selbst überschreiten, und bindet in Liebe zur Einheit zusammen. Insofern sind Geist und Liebe als Charakteristika göttlichen Lebens zugleich die spezifischen Kennzeichen des Heiligen Geistes.

e) Folgerung: Angemessenheit des Personbegriffs
Von daher ergibt sich jetzt die Möglichkeit, trinitarisches Personsein sowie das Spezifische der ›dritten Person‹ anzudeuten. Zur Definition von Person gehört wesentlich ihr In-Beziehung-Sein:

Dass menschliches Leben als von Beginn an personales Leben zu charakterisieren ist, hat seinen letzten Grund in der Überzeugung, dass jeder Mensch von Gott ins Dasein gerufen, von ihm angesprochen, durch seinen Geisthauch belebt und zur erfüllenden Begegnung mit ihm berufen ist. Auf der anthropologischen Ebene erscheint personales Leben als Frucht mitmenschlicher Begegnung; es realisiert sich in wesentlichen Beziehungen (›Bezugspersonen‹!). Selbstsein, Selbsthabe wird ermöglicht in der Begegnung mit anderem Selbstsein. Relation ist also kein bloßes Akzidens, d. h. etwas zum Personsein nachträglich Hinzukommendes, so dass Beziehung ein In-Erscheinung-Treten je schon für sich autonom konstistuierter Subjekte bedeuten würde. Vielmehr gilt: *Person und Relation gehören wesentlich zusammen.*
Weniger deutlich wird in dieser Konzeption, dass es sich nicht nur um ein Durch-andere-zu-sich-selbst-Kommen geht, sondern dass dies auch ein wechselseitiges Raumgeben impliziert, ein wechselseitiges Eröffnen von Begegnungsräumen: »Der Mensch ist der, der durch die Begegnung mit anderen Menschen geworden ist. Er ist der, dem sich andere Menschen zum Raum seiner Selbstbegegnung angeboten haben. Kurzum, wenn der Mensch sich selbst begegnen will, so muss er einen anderen Menschen finden, der sich für ihn innerlich frei macht.«[16] Was menschliches Personsein als »leibhaftige Personalität« im Lebensprozess immer gefährdet und unvollendet realisiert, ist in der »dreifaltigen Personalität«, der »sich begegnenden Personalität Gottes«[17], immer schon verwirklicht.
Wie der Gebrauch der korrelativen Metaphern »Vater/Sohn« und das Reden von den wechselseitigen Beziehungen (des Ursprungs) dokumentieren, lassen sich die trinitarischen Personen in ihrem Eigensein nur bestimmen, wenn ihr In-Beziehung-Sein zur Sprache gebracht wird. Im Vater als dem Ursprung der Gottheit wird der Begegnungsraum eröffnet, der dem Sohn die vollkommene Teilhabe am göttlichen Leben gewährt. Dieser Vollzug ist zugleich der Vollzug des wechselseitigen Raumgebens, der vollkommenen Entsprechung von Vater und Sohn. Und dieser Vollzug wiederum ist zugleich das gemeinsame Sichöffnen von Vater und Sohn auf den sie verbindenden Geist hin, dem sie Anteil geben und voll-

kommen entsprechen, wie sie von ihm, der ihnen vollkommen entspricht, Anteil nehmen. Gerade an der »Person« des Heiligen Geistes kann damit ein Grundzug des Personseins deutlich werden: Er ist nicht nur der Condilectus, der mitgeliebte Dritte, in dem sich die Zweisamkeit der wechselseitigen Liebe von Vater und Sohn überschreitet und öffnet und gerade darin wiederzusammengebunden wird (vinculum amoris = Band der Liebe). Er ist eher noch der dem Ineinandersein, der Perichorese von Vater und Sohn vollkommen Raum Gewährende, dessen Selbstsein sich in dem selbstlosen Ermöglichen des Ineinanderseins realisiert. So geht der Geist nicht nachträglich aus den je für sich bzw. wechselseitig sich konstituierenden Personen, der ersten und zweiten, als die dritte hervor; er erweist sich vielmehr als der immer schon eröffnete Raum interpersonaler Begegnung in Person.[18]

f) Anwendung: Korrektur anthropologischen Vorgriffs

Die Wirklichkeit des Heiligen Geistes lässt sich von den Erfahrungen des Geistes und der Liebe her an-denken, allerdings unter ständiger Beachtung der je größeren Unähnlichkeit aller analogen Rede.[19]

Die bisherigen Ausführungen haben schon aufblitzen lassen, in welcher Hinsicht dem spezifischen Personsein des heiligen-heilenden Geistes zugleich Modellcharakter zukommen kann. Dieser liegt vor allem darin, dass das trinitarische Modell und in spezifischer Weise das pneumatologische Modell von Personsein offenbart, dass zum Personsein wesentlich auch das Sich-zurück-Nehmen und Anderen-Raum-Gewähren gehört und dass dieses Vollziehen Selbstvollzug ist, der nicht Selbstverlust bedeutet. Nicht die euphemistisch als Autonomie und Autarkie etikettierte rücksichtslose Selbstbehauptung des von anderen getrennten bzw. sich separierenden Individuums, sondern das offene, verletzliche, das eigene Selbst dem anderen aussetzende und von ihm her wieder empfangende Sich-Einbringen und Über-sich-verfügen-Lassen kennzeichnet das Idealbild menschlichen Personseins.

Die Beachtung der Gegenläufigkeit theologischer Rede bedeutet also in diesem Fall: Wird die Personalität vom Selbstvollzug des autonomen, für sich konstituierten Subjekts her verstanden, so scheint die Person des Heiligen Geistes im innertrinitarischen Selbstvollzug ganz zurückzutreten. Wird Personalität dagegen verstanden von derjenigen Bewegung her, in der das geistige, liebende Subjekt sich überschreitet, um im anderen bei sich selbst zu sein, dann erscheint der Heilige Geist geradezu als Urbild des Personseins. Der Heilige Geist ist bei sich, indem er Vater und Sohn im anderen bei sich selbst sein lässt.

2. Die Kirche als Geistgeschöpf

Der Mensch lebt in Beziehungen, die Erneuerung des Menschen zielt auf die Erneuerung seiner Beziehungsfähigkeit. Insofern war in den Ausführungen des vorhergehenden Abschnitts schon die neue Lebensgemeinschaft der aus dem Geist Gottes heraus erneuerten Menschen angesprochen. Sie wird jetzt nochmals eigens in den Blick genommen, insofern die Realisierung der neuen Lebensgemeinschaft nicht nur durch den Rückfall ihrer Mitglieder in geistwidriges Verhalten gefährdet ist, sondern auch durch die Ambivalenz, die jeder Institutionalisierung und Ausbildung von Strukturen anhaftet. Zwei Momente sind hierbei ins Auge zu fassen: die Tendenz zur Abgrenzung nach außen und die Gefahr der institutionellen Erstarrung im Innern. Beiden Gefahren ist durch eine pneumatologische Ekklesiologie entgegenzuwirken.

2.1 Die doppelte Selbsttranszendenz der Kirche als Sakrament des Geistes in der Welt

Das erste Problem kann – aus evolutionstheoretischer Sicht – so beschrieben werden: »Wir erleben in der Religionsgeschichte den Konflikt zwischen dem unheiligen Geist selektionsorientierten religiösen Verhaltens und dem ›heiligen Geist‹ einer bewussten Gegensteuerung gegen das Selektionsprinzip.«[20] An der Geschichte Israels und der Kirche lässt sich die Spannung zwischen einem Erwählungsbewusstsein, das andere auszuschließen und das neue Leben als Besitzstand zu reklamieren versucht ist, und der prophetischen Kritik an dieser falschen, weil auf Menschen gegründeten Heilsgewissheit, ablesen. Auf dem II. Vaticanum hat die römisch-katholische Kirche in dieser Hinsicht deutliche Zeichen für die Erneuerung der Kirche als Zeichen und Werkzeug der neuen Lebensgemeinschaft gesetzt. Das Bild von der Kirche als Leib Christi, das im Sinne einer Verlängerung der Inkarnation missverstanden werden konnte, wird relativiert durch die Sicht der Kirche als Sakrament des Geistes für die Welt. Der Heilige Geist ist das Lebensprinzip der Kirche, die seinem Heilswirken als Werkzeug dient (vgl. LG 8.48). Es ist der Geist, der die Menschen zur Kirche zusammenführt. Die Zugehörigkeit zur Kirche ist also »nicht den eigenen Verdiensten, sondern der besonderen Gnade Christi zuzuschreiben«; sie ist kein Privileg noch individuelle Heilsgarantie, da es nicht genügt, in der Kirche »zwar ›dem Leibe‹, aber nicht ›dem Herzen‹ nach« zu verbleiben (LG 14).

Darüber hinaus weiß sich die Kirche mit den getrennten Brüdern und Schwestern in den anderen Kirchen und kirchlichen Gemeinschaften verbunden. Das Konzil sieht dabei nicht nur eine Gemeinschaft in vielfältigen geistlichen Gütern, sondern spricht von »einer wahren Verbindung im Heiligen Geiste, der mit Gaben und Gnaden auch in ihnen mit seiner heiligenden Kraft wirksam ist« (LG 15). Die Kirchenkonstitution geht noch einen Schritt weiter, wenn sie alle Menschen in irgendeiner Weise auf das Gottesvolk hingeordnet sieht. Es ist das Werk des Geistes bzw. der göttlichen Gnade, wenn Menschen Gott suchen, ihrem Gewissen folgen und danach handeln (vgl. LG 16). Dies mindert nicht die missionarische Aufgabe; wird doch die Kirche »vom Heiligen Geist angetrieben, mitzuwirken, dass der Ratschluss Gottes, der Christus zum Ursprung des Heils für die ganze Welt bestellt hat, tatsächlich ausgeführt werde« (LG 17; vgl. AG 3.4.24).

Der Geist ermöglicht unser Gottesverhältnis und fördert es. Wird dieser Gedanke ekklesiologisch ausgeweitet, nennen wir den Heiligen Geist Mutter der Glaubenden (vgl. Joh 3,3–6) und Mutter der Kirche. Hier kämen Bilder der Vätertheologie neu zum Leuchten: Der westlichen Theologie ist das Bild vom Hervorgang der Kirche aus der geöffneten Seite des erhöhten Gekreuzigten, aus Blut und Wasser, vertraut. Während hier der Ursprung der Kirche christologisch-sakramental bestimmt wird, erweitert die syrische Pneumatologie dieses Bild durch die Vorstellung vom Heiligen Geist als der »Rippe des Logos«. Demnach geht die Kirche nicht unmittelbar aus der Seite des Gekreuzigten hervor, sie wird vielmehr gebildet durch den Heiligen Geist, der als Rippe aus der Seite des Logos genommen wird. Als typologisches Vorbild dient die Erschaffung der Menschen: So wie Eva aus der Rippe Adams gebildet und zur Mutter des Lebens wurde, so wird der Geist als Rippe des Logos zur Mutter des neuen Lebens, welche die aus Gottes Geist Geborenen in der neuen Lebensgemeinschaft der Kirche zusammenführt. Es ergeben sich also folgende Parallelen: Adam – Logos, Eva – Geist, Leben der Menschenkinder – Leben der Gotteskinder (in der Kirche). In Analogie zu Eva, der Mutter des Lebens, steht – als Mutter des neuen Lebens – nicht die Kirche, auch nicht Maria (als »Mutter der Glaubenden«), sondern der Heilige Geist. Die Erinnerung an dieses Bild der syrischen Theologie kann zur notwendigen pneumatologischen Korrektur der Ekklesiologie beitragen.

Der Heilige Geist schenkt das in Christus vom Vater her offenbar gewordene neue Leben. Er befähigt die Menschen dazu, die ererbten und erworbenen selbstsüchtigen Verhaltensweisen zu überwinden und eine Gemeinschaft des wahren Lebens und der wahren Freiheit aufzubauen. Die Kirche, welche dem Geist als Werkzeug seines heiligenden-heilenden Wirkens dient, ist bleibend gekennzeichnet von der Spannung zwischen dem Sichbinden des Geistes und seinem freien, unverfügbaren Wirken. Kirche lebt nicht aus sich, sondern aus dem lebendigmachenden Geist Gottes, und Kirche lebt nicht für sich selbst, sondern verwirklicht sich im Dasein für andere. Als Sakrament des Geistes für die Welt geht sie selbst erst der Vollendung entgegen, der vom Geist bewirkten Gemeinschaft aller Menschen in der Gemeinschaft des dreieinigen Gottes. Die Bezeichnung der Kirche als Sakrament bedeutet von daher nicht ihre Sakralisierung oder Hypostasierung, sondern intendiert eine doppelte Relativierung: Kirche ist nicht Selbstzweck, weil sie nicht aus sich selbst und weil sie nicht für sich selbst lebt.

2.2 *Kirche als communio im heiligen-heilenden Geist*

Wenn gegenwärtig in der Kirche betont wird, dass »der Geist weht, wo er will«, so verbindet sich damit Kritik an einer übergebührlichen Institutionalisierung des Charismatischen und Prophetischen in der Glaubensgemeinschaft. Allerdings ist darauf zu achten, dass diese berechtigte Kritik nicht ihrerseits der falschen Alternative »Charisma oder Institution«[21] verhaftet bleibt. Hier gilt es, die pneumatologische Dimension mit der christologischen zu verschränken: Der Heilige Geist ist der Geist des Vaters und des Sohnes; er führt tiefer in die Wahrheit ein, aber er verkündet nichts Neues, sondern das in Christus vom Vater her offenbar gewordene neue Leben. Der inkarnatorischen oder sakramentalen Struktur des göttlichen Heilshandelns entsprechend bindet sich der Geist an die Heilige Schrift, an die Verkündigung und die Sakramente und in gewisser Weise auch an das – auf das zuerst Genannte dienend hingeordnete – amtliche Tun der Kirche. Dies bedeutet weder einen Heilsautomatismus (Verbalinspiration, Sakramentalismus) noch menschliche oder amtliche Verfügungsgewalt über das Geistwirken (Klerikalismus). Der freien Bindung des Geistes entspricht vielmehr das freie Sichbinden der Menschen und der Kirche, das Sicheinlassen auf die Wirkweisen des Heiligen Geistes. So erschließt sich das Wort der Schrift nur einer geistlichen Lektüre; so werden die Sakramente nur da wirksam, wo die Glaubenden »im Geist und in der Wahrheit« (Joh 4,23) sich betend öffnen, den Geist herabrufen und sich von ihm betreffen und senden lassen;[22] so wird das amtliche Zeugnisgeben nur glaubwürdig, wenn sich die Amtsträger/innen vom Geist leiten lassen, wenn sie die ihnen geschenkte Geistesgabe nicht als Besitz, sondern als Verheißung und Zusage verstehen.

Charisma und Amt bilden keinen Gegensatz (auch das Amt ist Gabe des Geistes), wohl aber stehen sie in einer Spannung zueinander. Dem Amt kommt die Aufgabe zu, im Heiligen Geist die Vielfalt der Charismen zu fördern und zur Auferbauung der Gemeinde wirksam werden zu lassen. Es ist seinerseits auf die Geistesgaben, im besonderen auf die der prophetischen Kritik angewiesen. Das II. Vatikanische Konzil nennt es eine Notwendigkeit für die ganze Kirche, sich unablässig »unter der Wirksamkeit des Heiligen Geistes« selbst zu erneuern (LG 9; vgl. LG 48; PO 22; GS 21.33). Als das pilgernde Gottesvolk ist die Kirche unterwegs zur Vollendung der Heilsgeschichte, die das Werk des Geistes selbst ist (vgl. LG 48–50).

3. Kriterien eines geistgemäßen Lebens

Im Blick auf eine evolutionäre Sicht der Schöpfung[23] lässt sich formulieren: Das neuschaffende Wirken des Geistes zielt auf eine Veränderung des Menschen und seiner grundlegenden Lebensweise. Zwar zeigen auch Tiere soziale Verhaltensweisen, ja, diese können bis zur Selbstaufopferung gehen (nach dem Volksglauben ernährt der Pelikan seine Jungen mit dem eigenen Blut; im Mittelalter sah man darin ein Symbol für den Erlöser Christus). Jedoch scheint dieses Verhalten auf die Erhaltung der eigenen Arten begrenzt zu sein. Dies gilt auch da, wo sich beobachten lässt, dass sich nicht die Stärkeren (im physischen Sinne), sondern die Kooperativeren durchsetzen und durch Selektion belohnt werden.

Im Rahmen seiner kulturellen Evolution hat der Mensch neue Formen sozialen Verhaltens entwickelt, die den Rahmen der eigenen Gruppe sprengen und gerade die Schwachen, Benachteiligten und Marginalisierten einschließen können. Diese Veränderung biologisch fundierten Verhaltens ist freilich den Menschen nicht als fixe Grundausstattung einfach (mit-)gegeben, sie muss jeweils neu erworben, bejaht und entwickelt werden. Die Menschen werden gerade in ihren negativen Verhaltensweisen häufig stärker als durch biologisch Grundgelegtes durch Erworbenes bestimmt. In diesem egozentrischen und unsozialen Verhalten erscheinen Menschen oft schlimmer als Tiere, nämlich als solche, die einander beißen und verschlingen (vgl. Gal 5,15).

Ein Leben aus dem Heiligen Geist Gottes steht dann in Konfrontation zu biologisch fundierten und (vielleicht mehr noch) kulturell tradierten Verhaltensmustern, die nicht selten als »typisch menschlich« und unüberwindlich etikettiert werden. Der christliche Glaube bekennt, dass Gott in Jesus von Nazaret, »empfangen vom Heiligen Geist, geboren aus der Jungfrau Maria«, einen neuen Anfang in der Geschichte der Schöpfung gemacht hat. Dadurch wird Gottes gute Schöpfung als solche nicht negiert oder abgewertet, sondern erneuert, indem die übermächtig gewordenen sündigen Verhaltensweisen und sündigen Strukturen menschlichen Zusammenlebens von innen her aufgebrochen werden. Der christliche Glaube bekennt, dass der Mensch in der »einen Taufe zur Vergebung der Sünden« aus Wasser und Heiligem Geist, »von oben/ von neuem« geboren wird. Dadurch erhält er Anteil am neuen Leben, das sich aus der Gemeinschaft der heiligen Gaben der Eucharistie speist. Im Heiligen Geist eine neue Schöpfung geworden, kann der Mensch egoistisches Verhalten überwinden, den Wiederholungszwang ererbter Verhaltensweisen durchbrechen, der Spirale der Gewaltanwendung entkommen und dem Mechanismus der Schuldenzuweisung, der immer einen Sündenbock braucht, entfliehen.

Welche Lebenszeichen sind Zeichen des lebendigmachenden Heiligen Geistes? Welches neue Leben ist geistgemäßes Leben?

Vom biblischen Zeugnis her ergibt sich ein *erstes Kriterium*: Das Leben des Menschen wie der ganzen Schöpfung verdankt sich dem lebenschaffenden Wirken des göttlichen Geistes. Die *Achtung vor dem Lebendigen* ist somit eine zutiefst geistliche Einstellung. Leben und Lebendigkeit können nicht gemacht werden, und auch für die Erhaltung des Lebens und die Bewahrung der Schöpfung sind die Menschen auf die Lebensmacht des Geistes Gottes angewiesen. Leben heißt: In der Kraft des Schöpfergeistes von Gott her und auf ihn hin existieren. Schöpfung als das Nichtgöttliche, als das Andere Gottes kann und darf sein, weil Gott in seinem Geist der Schöpfung Raum gibt, die aus seiner Fülle heraustritt, weil er die Schöpfung frei sein lässt.

Daraus ergibt sich ein *zweites Kriterium* geistgemäßen Lebens: Leben aus dem Geist heißt anderem Leben Raum geben, es respektieren und seine *Freiheit fördern*. Die Wirklichkeit des Geistes wie der Liebe weist die gleiche Struktur auf, sie realisiert sich im Aus-sich-Sein und Beim-andern-Sein.

Daran kann ein *drittes Kriterium* abgelesen werden: Geistgemäßes Leben ist *Leben in Beziehung*. Dies hat zur Voraussetzung die Bereitschaft zur Ekstase, zum Aus-sich-Herausgehen, um im anderen

und mit dem anderen sich selbst zu finden. So wie der Geist in der Schöpfung wirkt, ohne deren Freiheit zu beschränken und ohne aufzuhören, der unverfügbare Geist Gottes zu sein, so bedeutet Beim-andern-Sein weder Vergewaltigung des anderen noch Selbstaufgabe. Die in der Heiligen Schrift bezeugte, im Glauben gedeutete Lebenserfahrung zeigt, dass die Menschen, die freigelassenen Geschöpfe, sich selbst immer wieder unfrei, zu Sklaven nicht- oder widergöttlicher Mächte machen oder zu solchen gemacht werden. So wuchs die Erkenntnis, bleibend auf den befreienden und neu belebenden Geist Gottes angewiesen zu sein.
Daraus ergibt sich ein *viertes Kriterium*, welches nach zwei Seiten hin Orientierung gibt: Aus dem Heiligen Geist Gottes leben heißt sich *von aller falschen*, nämlich im eigenen Seinkönnen festgemachten *Sicherheit zu lösen* und sich frei zu machen für das Geschenk des wahren und wahrhaft frei machenden Lebens. Zugleich bedeutet Leben aus dem Geist Gottes die heiligende-heilende *Zuwendung zu aller unterdrückten*, ausgebeuteten, versklavten *Kreatur*. Die Miterben des Reiches Gottes, die Mitarbeiter/-innen an der Gemeinschaft des neuen Lebens in Wahrheit und Freiheit wissen sich als unnütze Knechte und Mägde, welche die Vollendung, die Fülle des Lebens durch den Geist des Vaters und des Sohnes erwarten.
Somit kann als ein *fünftes Kriterium* formuliert werden: Aus dem Heiligen Geist Gottes leben heißt alles eigene Mühen mit dem *eschatologischen Vorbehalt* zu versehen, im Zeugnisgeben vom Grund der Hoffnung, die uns erfüllt (vgl. 1 Petr 3,15), das Nichtzuschandenwerden dieser Hoffnung im Geist zu erbitten und auf das endgültige Offenbarwerden des tragenden Lebensgrundes zu vertrauen.
Leben aus dem Heiligen Geist Gottes heißt: Leben als Geschenk annehmen, anderem Leben Raum geben, in Beziehung leben, sich befreien lassen und andere befreien, bei allem Engagement die Vollendung von Gott erwarten. Als eine Art Kurzformel kann der folgende Satz aus dem vierten Hochgebet gelten: *»Damit wir nicht mehr uns selber leben, sondern ihm, der für uns gestorben und auferstanden ist, hat er von dir, Vater, als erste Gabe für alle, die glauben, den Heiligen Geist gesandt, der das Werk deines Sohnes auf Erden weiterführt und alle Heiligung vollendet.«*

Anmerkungen

1 Vgl. *B. J. Hilberath,* Der Personbegriff der Trinitätstheologie in Rückfrage von Karl Rahner zu Tertullians »Adversus Praxean», Innsbruck 1986; ders., Der dreieinige Gott und die Gemeinschaft der Menschen, Mainz 1990.

2 Zum folgenden vergleichen die Fachleute die einschlägigen Lexika-Artikel; einem breiteren Publikum zugänglich sind die beiden ersten Kapitel in *H. Schüngel-Straumann,* Rûah bewegt die Welt. Gottes schöpferische Lebenskraft in den Krisenzeiten des Exils (SBS 151), Stuttgart 1992, 9–36.

3 *H. Schüngel-Straumann,* Rûah (Geist, Lebenskraft) im Alten Testament, in: M. Kassel (Hrsg.), Feministische Theologie. Perspektiven zur Orientierung, Stuttgart [2]1988, 61. In ihrer jüngsten einschlägigen Veröffentlichung versucht die Exegetin den ursprünglichen Zusammenhang von ruach und rwh plausibel zu machen, indem sie auf eine konkrete Erfahrung am Ursprung dieses Terminus rekurriert: »Es gibt zwei Vorgänge im Leben des Menschen, auf die dies besonders zutrifft [dass nämlich rhw nicht das gewöhnliche ruhige, sondern das heftige Atemholen bezeichnet], die beide eine sexuelle Konnotation haben, nämlich die sexuelle Erregung und die Geburt. Vor allem dürfte es keine menschliche Erfahrung geben, bei der ebenso sehr das, was Raum schafft, mit dem heftigen Atmen verbunden ist, wie der Geburtsvorgang. (Wieder) atmen können und Überleben (vgl. Ps 66,12) bzw. Erleichterung finden in einer kritischen Situation kann zwar auch auf viele andere Situationen im wörtlichen und übertragenen Sinn Anwendung finden, passt aber auf nichts so präzise wie auf die Geburt. Das hörbare Keuchen bei der Geburt und das erleichterte Luftschöpfen nach gelungener Geburt, die der Frau wieder ›Raum schafft‹ im wörtlichen Sinn, sind zugleich schöpferisch, lebenbringend« (Rûach bewegt die Welt 10f.).

4 Die Parallele Angesicht Gottes – Geist Gottes findet sich auch in Ps 51; Ps 139,7; Jes 63,9.10; Ez 39,29 (ich danke G. T. Montague für diesen Hinweis anlässlich einer Konferenz zur Pneumatologie im April 1998 an der Marquette-University in Milwaukee).

5. *J. Blank,* Art. Geist, Hl./Pneumatologie A. Bibeltheologisch, in: Neues Handbuch theologischer Grundbegriffe, 2. Aufl., Bd. 2, München 1991, 155.

6 Die Unterscheidung in John Hicks pluralistischer Religionstheorie zwischen self-centredness und reality-centredness könnte von hierher noch einmal pneumatologisch und spirituell betrachtet werden; s. *J. Hick,* Gotteserkenntnis in der Vielfalt der Religionen, in: R. Bernhardt (Hg.), Horizontüberschreitung. Die Pluralistische Theologie der Religionen, Gütersloh 1991, 60–80, hier: 62f.

7 So lautet die konzentrierte Fassung der Heilsbotschaft des Apostels; vgl. Gal 3,13f.

8 So die ursprüngliche Formulierung in *K.Rahner,* Bemerkungen zum dogmatischen Traktat »De trinitate«, in: Schriften zur Theologie 4, Einsiedeln 1960, 115. Vgl. dazu meine kritische Darstellung in *B. J. Hilberath,* Der Personbegriff der Trinitätstheologie, 30–54 und 297–308.

9 *G. Lampe,* God is Spirit. The Bampton Lectures 1976, Oxford 1977, 219.

10 Ebd. 228.

11 In eine ähnliche Richtung geht die Kritik von *A. I. C. Heron,* The Holy Spirit, Philadelphia 1983. In diesem Zusammenhang müssen auch die Thesen von *M. E. Lodahl,* Shekhinah/Spirit,. Divine Presence in Jewish and Christian Religion, Mahwah, N.Y. 1992 kritisch diskutiert werden.

12 *P. Schoonenberg*, Der Geist, das Wort und der Sohn. Eine Geist-Christologie, Regensburg 1992, 188. Zur Auseinandersetzung mit meiner Position vgl. den hilfreichen Aufsatz: *ders.*, Eine Diskussion über den trinitarischen Personbegriff. Karl Rahner und Bernd Jochen Hilberath, in: ZKTh 111 (1989) 129–162.

13 Vgl. dazu *E. Lessing*, Art. Geist/Heiliger Geist/Geistesgaben V. Dogmatisch und Ethisch, in: Theologie Realenzyklopädie, Bd. 12, 218.

14 Diese Wendung geht zurück auf *E. Jüngel*, Gott als Geheimnis der Welt, Tübingen 1977, § 20 (Der Gott, der Liebe ist. Zur Identität von Gott und Liebe).

15 Vgl. *J. Werbick*, Trinitätslehre, in: Th.Schneider (Hg.), Handbuch der Dogmatik, Bd. 2, Düsseldorf 1995, 4.5.4 (Selbsthabe und Selbsthingabe).

16 *L. Lies*, Sakramententheologie. Eine personale Sicht, Graz 1990, 35.

17 Ebd. 34.

18 In ähnliche Richtung gehen die Gedanken bei *H. U. v. Balthasar*, Der Heilige Geist als Liebe, in: ders., Spiritus Creator (Skizzen zur Theologie III), Einsiedeln 1967, 106–122; *ders.*, Pneuma und Institution, in: ders., Pneuma und Institution (Skizzen zur Theologie IV), Einsiedeln 1974, 201–235.

19 Mit den Begriffen ›Geist‹ und ›Liebe‹ werden Erfahrungen zusammengefasst. Der Erfahrungsgehalt kann verdeutlicht werden, indem die einzelnen Erfahrungen mit Hilfe von Metaphern zur Sprache gebracht werden, aus denen sich dann die Begriffe zusammenfügen. Vgl. dazu in methodischer wie in inhaltlicher Hinsicht *J. Moltmann*, Der Geist des Lebens. Eine ganzheitliche Pneumatologie, München 1991, 281–324.

20 *G. Theißen*, Biblischer Glaube in evolutionärer Sicht, München 1984, 196.

21 Vgl. dazu den umfangreichen Band der Wissenschaftlichen Gesellschaft für Theologie: *T. Rendtorff (Hrsg.)*, Charisma und Institution, Gütersloh 1985.

22 Diese Perspektive der Sakramentenlehre wird besonders deutlich bei *H. Vorgrimler*, Sakramententheologie (Leitfaden Theologie 17), Düsseldorf 1987.

23 In diesem Punkt verdanke ich manche Anregungen *G. Theißen* (s. Anm. 20).

Der Glaube an den offenbaren Gott und das unaufgelöste Rätsel des Unheils in der Geschichte

WALTER H. SPARN

1. Anfechtungen

In diesen Tagen des Zerstörens und Tötens durch Menschen, des Vertreibens und Mordens von Menschen wider alle Menschlichkeit, in diesen Tagen liegt es einmal mehr nur allzu nahe, daran zu zweifeln, ob es in der Geschichte mit vernünftigen Dingen zugehe, ja daran zu verzweifeln, dass der Fortschritt wenigstens zu mehr Gerechtigkeit, zu mehr Frieden und Freiheit, dass mehr Menschlichkeit eine sicher zu erwartende Frucht unserer geschichtlichen Arbeit sei. Erst recht erfährt man als Christ solche Zeiten der Barbarei als Anfechtung, als Anfechtung im religiösen Sinn des Wortes. Denn meinen wir Christen nicht, das Antlitz, ja das Herz Gottes, des Lenkers der persönlichen Lebensgeschichte und der größeren Menschheitsgeschichte zu kennen? Ist nicht in Jesus Christus das endgültige Wort über den heilvollen Gang der Geschichte ausgesprochen? Gewiss, das glauben wir, und unsere Begegnung mit Gott im Glauben, im persönlichen Reden des Herzens mit Gott und in der Gemeinschaft mit Geschwistern im Glauben bestärkt diesen Glauben gewiss auch. Umso empfindlicher treffen uns Erfahrungen, die zu diesem unserem Bild Gottes so gar nicht passen wollen.

Gewiss, das vergehende Jahrhundert, das blutigste bislang, spricht ohnehin gegen so etwas wie absoluten Fortschritt. Es brachte viele Verbesserungen und Erleichterungen des Lebens, gewiss; diese relativen Fortschritte soll niemand schlecht machen. Aber so weit man aus- und zurückblickt, es musste für allen Fortschritt ein hoher Preis an menschlichem Leiden entrichtet werden. (Ist es ganz zufällig, dass gerade die militärische Technologie immer die

fortschrittlichste war?) Kann man angesichts solcher, oft unschuldiger Leiden, angesichts immer neuer Ungerechtigkeiten in der Welt und angesichts der Macht des Bösen auch in Zeiten, wo »der Böse« verschwunden scheint, an die Vorsehung und Führung Gottes glauben? Eine Geschichte, zu der auch Auschwitz oder Hiroshima gehören, widerspricht eklatant der Vorstellung, ein allmächtiger und gütiger Gott lenke sie. Ein »Mischmasch aus Irrtum und Gewalt« (J. W. Goethe) – wie kann Gott das zulassen?
Es hat Zeiten gegeben, in denen man den Geschichtsverlauf und besonders die erwartete Zukunft optimistisch beurteilt hat. Heute, im Übergang in ein neues Jahrtausend, sind die meisten Zeitgenossen aus guten Gründen skeptisch, ob die Zukunft das große allgemeine Glück bringen werde. Manche Verdüsterungen der Zukunft, z. B. die ökologische Krise (eine Folge technologischen und ökonomischen Forschritts!), werden gelegentlich als so enttäuschend und so bedrohlich empfunden, dass man der Geschichte gar keine Zukunft mehr gibt. Es finden sogar Stimmen wieder Gehör, die aufgrund alter oder neuer Prophezeiungen den baldigen Weltuntergang in den grellen Farben »Harmaggedons« ausmalen. Umgekehrt sind Esoteriker davon überzeugt, dass die gegenwärtigen Krisenphänomene den Übergang in eine neue Epoche nicht nur der menschlichen, sondern der kosmischen Geschichte, ein neues und besseres Weltalter anzeigen.

2. Gegenwart und Verborgenheit Gottes

»Gott und die Rätsel der Geschichte« – das verleitet zu globalen Reaktionen. Was bedeutet *Geschichte*, wenn man zugleich von *Gott* spricht? Der Ausdruck »die Geschichte« legt die Vorstellung nahe, dass unser menschliches Leben sich in einem objektiven, an sich neutralen Zeit-Raum abspielt. Eine solche Vorstellung ist dem christlichen Glauben allerdings fremd.
Seine Geschichte mit Gott hat es zugleich mit dem Schöpfer und Erhalter der Welt zu tun, der der Menschengeschichte ihre Zeit und Frist aus seiner Ewigkeit gibt. Im christlichen Glauben ist die allgemeine Geschichte vielmehr eben die eine Geschichte zwi-

schen Gott und Menschen: die *Heilsgeschichte*. Es gibt keine allgemeinere Geschichte, und diese Heilsgeschichte ist alles andere als neutral. Die Bibel erzählt und bezeugt von der ersten bis zur letzten Seite die handelnde und erleidende *Gegenwart Gottes* in unseren Geschichten. Alle die vielen, unterschiedlichen und oft getrennten Menschengeschichten sind Teile der *einen*, zusammenhängenden Geschichte Gottes mit seiner Welt. Weil sie einen bewegten *Weg* Gottes mit uns darstellt, hat sie auch ein Gefälle, eine Ausrichtung, ein »Ende«. In der Bibel gibt es viele Formulierungen für dieses Wegziel; die von Jesus Christus gebrauchte lautet »Reich Gottes«. Die Einheit und Ganzheit unserer Geschichten ist daher keine Eigenschaft eines vorhandenen Dinges – ein solches Ding namens »Geschichte« gibt es nicht. Auch die »Heilsgeschichte« darf man nicht modernistisch missdeuten als objektive Entwicklungslogik. Der christliche Glaube verhält sich vielmehr kritisch zum modernen Geschichtsbild, sowohl in seiner optimistischen als auch in seiner pessimistischen Version, als absoluter Fortschritt oder absoluter Verfall.

Die zunächst abstrakt scheinenden Probleme des Geschichtsverständnisses werden spätestens dann konkret, wenn man unter dem Gang der Geschichte zu *leiden* hat: Wie kann Gott das zulassen? Es scheint da ein christliches Anliegen, den geglaubten Gott der Gerechtigkeit und der Liebe zu verteidigen gegenüber dem Verdacht, er lasse das Böse in der Geschichte zu, ja sei dafür mitverantwortlich, da er doch »alles so herrlich regieret«. So wird das *Theodizeeproblem* in jüngster Zeit wieder verstärkt aufgeworfen und nicht nur theoretisch bearbeitet, sondern auch in Literatur, bildender Kunst und Musik.

Um es ganz klar zu sagen: Es gibt keine christliche Lösung des Theodizeeproblems im Sinne einer Theodizee, einer allgemeinen und abschließenden *Rechtfertigung* des Gottes, der Böses in der Geschichte gewähren lässt, obwohl er allmächtig und gut ist. Der christliche Glaube verfügt nicht über das Privileg, den Gang, den Gehalt, den Sinn der so rätselhaften Geschichte *an sich* zu erklären. Er müsste dazu restlos *alles* erklären können, da er überhaupt kein Geschehen endgültig von Gottes Dabeisein abtrennen und den bösen Menschen oder dem Teufel die letzte Ursächlichkeit dafür zuschreiben kann, als wären diese Täter selber Götter. Da solche Erfahrungen mit den Bösen zunächst und vielleicht lange, vielleicht bis zum Ende unseres Lebens nicht zu seiner Gotteserfahrung in Jesus Christus passen, ermäßigt sich im Glauben die Spannung zwischen unseren unterschiedlichen Gotteserfahrungen nicht etwa, sondern wird noch einmal *gesteigert*. Der Schmerz des »Warum?« (Ps 22,2) wird am Kreuz Jesu Christi (Mk 15,34) aufs äußerste verschärft.

Die *Verborgenheit* des Gottseins Gottes in vielen Geschichtserfahrungen ist allerdings keine billige Ausrede, sondern bedeutet für uns eine schwere *Anfechtung* des Glaubens. Wie ist sie zu ertragen? Nicht selten hat der spannungsvolle Gang der Geschichte dazu veranlasst, zwischen einer Heils- und einer Unheilsgeschichte in ihr zu unterscheiden. Dann scheint sich doch alles zu klären: Die Menschen, die Gott zum Heil erwählt und vorherbestimmt, braucht nichts mehr zu anzufechten – das Böse in der Welt resultiert daraus, dass andere Menschen um ihres sündigen Unglaubens willen verdammt und zum Unheil bestimmt werden.

Der Glaube, dass Gott einen für sich bestimmt, ausgesucht und erwählt hat, ist eine gemeinchristliche Überzeugung, die an der Gestalt Abrahams und überhaupt an Israel ihren biblischen Anhalt hat; der hl. Augustin und die Reformatoren haben diesen Glauben besonders stark herausgestellt: Dass man sein Heil nicht selbst, nicht aus eigenem, selbst wählbarem Wollen und Können beschafft hat, dass es vielmehr eigentlich unglaublich ist, dass man Gott im Leben und Sterben wirklich unbedingt vertrauen kann. Im Erwählungsglauben kommt die 'unmögliche Möglichkeit' des eigenen Glaubenskönnens zum Bewusstsein (deshalb ist die Taufe das Siegel hierauf). Seine Form ist einzig der Lobpreis der Liebe und Geduld Gottes. So führen es das Neue Testament (Röm 8,14 ff; Eph 1) und viele Zeugnisse christlicher Frömmigkeit vor Augen.

Über diese Erfahrung nachzudenken, ist gewiss gut. Falsch wäre es aber, diese »Prädestinationslehre« zum Schlüssel der Erklärung der vermeinten Geschichte anderer Menschen oder gar der Menschheit zu nehmen. Diese Lehre begründet nicht die trennende Unterscheidung zwischen »uns« und denen, die nicht zu »uns« gehören. In der Logik des Prädestinationsglaubens liegt vielmehr einzig und allein der praktische Schluss, für die (in ihrer eigenen Sicht vielleicht Nicht-Glaubenden, in unserer Sicht jedoch) Noch-nicht-Glaubenden zu beten in der Gewissheit, dass in Jesus Christus alle Menschen für Gott bestimmt und erwählt sind. Die Prädestination lässt sich allein aus dem Evangelium Christi »lernen«: Es kommt darauf an, Gottes Zeit und Geduld mit der Welt in der eigenen Lebensgeschichte mitzuleben. Der Apostel Paulus hat dies angesichts seiner Anfechtung durch das (Noch-)Nichtglauben seiner jüdischen Geschwister vorbildlich getan (Röm 9–11, bes. 11,32).

3. Die Unmöglichkeit einer Theodizee jetzt

Die christliche Sicht auf die menschliche(n) Geschichte(n) ist in mancher Hinsicht die allgemein abendländische Sicht geworden und ist auch praktisch so wirksam gewesen. Gleichwohl bringt der neuzeitliche Umgang mit »Geschichte« theologische Probleme mit sich. Er knüpft an die christliche »Heilsgeschichte« an, löst sich aber zugleich von ihr. Denn er besagt, dass die Geschichte ein menschlicher Handlungsraum ist, der als solcher seine eigenen Struktur hat, die von außen nur gewaltsam gestört werden könnte. Diese Struktur besteht in der menschlichen Freiheit zur Geschichte und in der Verantwortung für sie – wohlgemerkt: vor der »Menschheit«. Gott befindet sich außerhalb dieser Geschichte; und wenn er »eingriffe«, würde er seinen Gegenstand zugleich zerstören. Dementsprechend wird von der irdischen Zeit die »Ewigkeit« Gottes, verstanden bloß als Nicht-Zeit, völlig abgetrennt.

Der Kollektivsingular *»die Geschichte«* ist, wie auch das Eigenschaftswort *»geschichtlich«*, erst in der Neuzeit geprägt worden. Früher gab es Geschichten, kleinere und größere, aber immer kleiner als das vermeintliche Ganze, das seit dem ausgehenden 18. Jahrhundert *»Weltgeschichte«* heißt. Diese Wörter zeigen eine neue Orientierung der Menschen in der Zeit (und im Raum) an. Neu daran ist dreierlei: (1) die Überzeugung, dass alle Geschichten der Menschen kraft ein und derselben Entwicklungslogik der Menschheitsgeschichte zusammenhängen; (2) dass diese eine Geschichte trotz aller Vielfalt, ja gerade durch alle Brüche hindurch zielstrebig verläuft, nämlich hin zum Menschsein des Menschen; (3) dass diese Vervollkommnungsbewegung ein offenes Ende hat, dass also »Glück« kein zu erreichender Endzustand ist, sondern im unbegrenzten Fortschreiten zu immer neuen Vollkommenheiten besteht.

Dies alles schließt keineswegs aus, von *Gott* und göttlicher *Vorsehung* zu sprechen. Aber der Gott, von dem dann die Rede ist, wirkt nicht in und mit den Menschengeschichten, sondern sieht ihnen von außen zu. Denn vor der Schöpfung hat er das Ganze der Welt einschließlich der menschlichen Freiheitsgeschichte optimal konstruiert. Was in der Geschichte sich ereignet, fällt allein in die Verantwortung der handelnden Menschen. Gottes Vorsehung lässt also das Gute und das Böse in der Geschichte zu, weil und insofern es Bestandteil des bestmöglichen Welt ist. Wo das moderne Geschichtskonzept mit dem (abstrakt monotheistischen) Gottesbegriff arbeitet, erfordert es daher eine *Theodizee.* Sehr deutlich wird das, wenn nicht Jesus Christus im Endgericht erwartet wird, sondern wenn man sagt: Die (von Menschen gemachte) »Weltgeschichte ist das Weltgericht« (F. Schiller).

Die *Theodizee,* die vernünftige Rechtfertigung Gottes angesichts des erlittenen und getanen Bösen in der Geschichte, ist ebenfalls erst in der Neuzeit projektiert worden (G.W. Leibniz, 1710). Sie hat wiederum christliche Voraussetzungen: den Monotheismus, die Gotteseigenschaften der Güte und der Allmacht, die Vorstellung eines Weltgerichts. Sie stellt aber zugleich eine Emanzipation aus dem christlichen Glauben dar. Denn hier ist ein und dieselbe menschliche *Vernunft* – und sie vertritt dabei die göttliche Weisheit – zugleich Ankläger, Verteidiger und Richter. Hier ist es nicht mehr nötig, auf Gottes freies, neuerliches Handeln zu *warten*: Es ist von *vornherein* klar, dass *summa summarum* alles, einschließlich des Bösen in der Geschichte, in bestmöglicher Ordnung ist. Die klassische Moderne von Leibniz bis G.W.F. Hegel hat eine solche Theodizee für die gemeinsame Aufgabe von Theologie und Philosophie angesehen. Seit dem Zusammenbruch des Idealismus gilt sie als gescheitert – und doch nicht als erledigt.

Denn das Theodizee*problem* ist viel älter. Es wird in jeder religiösen

Kultur bearbeitet, wie schon Max Weber zeigen konnte, wenn auch sehr unterschiedlich. Dass es nicht vernünftig *lösbar* ist, wo man unterstellt, es gebe den einen Gott, der für die Welt im ganzen verantwortlich und der sowohl allmächtig als auch gut sei, das ist jedoch schon eine Einsicht des antiken Philosophen Epikur. Das »Trilemma« des Monotheismus zu beheben, kann jedoch nicht Sache des christlichen Gottesglaubens sein. Denn er gründet auf Gott nicht als *Prinzip* der einheitlichen Welterklärung, sondern auf Gott in seiner *Gegenwart* in den Menschengeschichten, vereindeutigt durch seine Gegenwart im gekreuzigten und auferstandenen Christus. Weil dies unser unbedingtes Lebensvertrauen begründet, werfen wir unsere Sorgen auf ihn – während jede Theodizee ein Klageverbot enthält. Wir dürfen dies Verbot ignorieren, weil wir in Jesus Christus Gottes wahres, die Geschichte letztendlich bestimmendes Antlitz sehen. Wir müssen unsere Sorgen einstweilen aber noch auf ihn werfen, weil wir Gott, den entscheidenden Mitspieler in der Geschichte auch mit anderem Gesicht als Jesus Christus, ja ohne ein Gesicht erfahren und stattdessen fremde, dämonisch fratzenhafte »Mächte und Gewalten« am Werk sehen. Daher hat Martin Luther (und nicht nur er) auch vom »verborgenen Gott« gesprochen, vor dessen Schrecken man sich zu Jesus Christus flüchten müsse – während die Theodizee den Menschen unbegrenzte Verantwortlichkeiten und Handlungszwänge auferlegt.
Man sieht hier: Das Theodizeeproblem ist ein durch und durch *praktisches* Problem, ein Problem unseres Ringens mit Gott einerseits, der dadurch bestimmten Lebensführung andererseits: im *Widerstand* gegen alles irgendwie vermeidbare Leiden und in der *Ergebung* in Gottes Führung in der Geschichte, wie sie jedes Mal tatsächlich verläuft – eine Ergebung, die niemandem von außen anempfohlen werden kann, sondern die bei jedem Betroffenen selbst in der Verarbeitung des erlittenen Bösen reifen muss.

4. Prophetische Geschichtsdeutung

Dabei müssen wir die Frage, welche Orientierung die *biblischen* Geschichten und Erfahrungen uns in unseren geschichtlichen Rätseln geben können, eigens stellen. Denn die Bibel enthält keine Äußerung über »die Geschichte« im modernen Sinn des Wortes; auch die *oeconomia salutis*, die »Heilsgeschichte«, stellt keinen ingenieursmäßigen »Plan« dar, der im vornhinein die Wege und Mittel zu einem bestimmten Ziel definiert, so dass, was passiert, eigentlich gar keine Ereignisse mehr sind, sondern nur das In-Erscheinung-Treten dessen, was sowieso schon feststand. Dagegen ist die Geschichte Gottes mit uns voller echter *Ereignisse*. Das merken wir spätestens dann, wenn uns etwas widerfährt, was wir Gott nun überhaupt nicht zugetraut hätten. Trotzdem müssen wir sagen: *Alles*, was uns geschieht, hat mit irgendwie Gott zu tun, nicht nur das für uns Gute, sondern auch das von uns böse Erlebte: »Ist etwa ein Unglück in der Stadt, das nicht der Herr tut?« (Am 3,6). Die Frage ist daher nicht, warum Gott etwas zulässt und nicht von außen eingreift – Gott ist immer schon da. Die Frage ist vielmehr, ob wir Gottes Dabeisein richtig, nämlich im Einklang mit Gottes Art und vielleicht sogar Absicht deuten.

Eine solche Deutung können wir zumal in dem, was wir erleiden, nicht einfach aus dem Hut zaubern. Auch einen Bibelspruch zu zitieren (»der Herr hat's gegeben, der Herr hat's genommen, der Name des Herrn sei gelobt«, Ijob 1,21) ist nicht beliebig erschwinglich; zu schweigen davon, dass es zynisch ist, wenn jemand, der nicht selbst betroffen ist, ihn einem Leidenden an den Kopf wirft. Überdies: Gerade *Hiob*, der jenes Bekenntnis ausspricht, führt ja bewusst vor Augen, dass das Dabeiseins Gottes bei unseren Widerfahrnissen sehr unterschiedlich und strittig gedeutet werden kann. Die Freunde Hiobs, durchaus fromme Leute, schließen aus seinem Unglück, dass er eine Schuld auf sich geladen haben müsse, denn Gott ist für sie der Garant der Folge von Tun und Ergehen, von guten bzw. bösen Taten und guten bzw. schlechten Folgen. Hiob gibt sich mit dieser weisheitlichen Verteidigung Gottes auf seine, Hiobs, Kosten nicht zufrieden und beharrt leidenschaftlich auf seinem Protest gegen Gottes Verhalten. Gott antwortet dem Protest schließlich. Aber er gibt weder Hiob noch seinen Freunden recht: Die Gerechtigkeit in Gottes Handeln lässt sich nicht nach menschlichen moralischen Maßstäben messen, weder im Guten noch im Bösen – und braucht das letztendlich auch gar nicht, wie etwa am Ausgang, aber erst am Ausgang von Ps 73,25 f zu sehen ist: »Wenn ich nur dich habe, so frage ich nichts nach Himmel und Erde. Wenn mir gleich Leib und Seele verschmachten, so bist du doch, Gott, allezeit meines Herzens Trost und mein Teil«.

Was Hiob Gott schließlich glaubt und was sein Klagen gegenstandslos macht, hat auch das Volk *Israel* (nach langer Zeit unwilligen Lernenmüssens) Gott geglaubt: Seine Erwählung ist nicht Folge moralischer Vorzüglichkeit, sondern Zeugnis der unbeirrbaren Liebe Gottes. Deshalb erfährt Israel seine geschichtliche Katastrophen nicht als tödlich, sondern vermag sie als letztlich heilsam zu deuten. Genauso weiß sich das neue Gottesvolk der *Christen* erwählt. Was immer in der jetzt vergehenden Geschichte passiert, kann sie nicht trennen von Gottes Liebe, wie sie in Jesus Christus endgültig, Gottes Absichten mit allen Menschengeschichten verlässlich erklärend, erschienen ist (Röm 8,31ff). Die Geschichte der Menschen wird nicht im Unheil enden. Zwar ist Gottes Wirken in den irdischen Geschichten nach wie vor nicht nach irdisch-moralischen Maßstäben ›einzuordnen‹, oder richtiger: jetzt erst recht nicht. Denn dass Gott unbeirrbar an uns sündigen Geschöpfen festhält, ja uns Sünder »rechtfertigt«, ist wahrlich keine irdisch-moralische Gerechtigkeit.

Gerade deshalb hat der christliche Glaube die Vollmacht, den Lauf der erfahrenen Geschichte im Lichte der endgültige Gegenwart bei den Menschen in Jesus Christus, daher im Lichte der Vollendung und Erneuerung der Welt, zu deuten. Es handelt sich hierbei, wie schon beim biblischem Vorbild, freilich sowohl nach rückwärts als auch nach vorwärts um eine *prophetische* Deutung. Sie ist fehlsam, Gott selbst kann sie ins Unrecht setzen. Dennoch nimmt sie mehr und anderes wahr als es eine Faktorenanalyse einer »inneren« Logik der Geschichte vermag: die aktive Präsenz des Zeitgebers der Geschichte. Denn die »Ewigkeit« Gottes ist nicht Zeitlosigkeit, sondern sein Vermögen, Zeit zu haben und zu geben. Ja, der ewige

Gott hat in der Frist, die er seiner Schöpfung gewährt, selbst eine Geschichte.
Wir sind somit, wie schon Hiob, angewiesen auf neuerliche, lebendige Erfahrung Gottes; auf den völligen Durchblick müssen wir bis zum Ende der von Gott befristeten Geschichte warten. Das »Warum?« heißt christlich daher »Wie lange noch?« (Ps 13,1f). Aber wir haben Grund, diese Situation auf dem Weg mit Gott zu akzeptieren: Wir leben ja selber davon, dass Gott uns nicht nach den Maßstäben der Gerechtigkeit behandelt, auf die ihn eine Theodizee behaftet. Und ein Christ hat seinerseits ein doppeltes Privileg: nicht nur das Recht, menschliches Leiden aktiv zu verringern, sondern auch das Recht zur Klage gegen Gott im Namen Jesu Christi vor Gott, und immer wieder auch das Recht, die Ereignisse hinzunehmen, die durch menschliche Praxis nicht oder nicht mehr geändert werden können und sie Gottes Verantwortung anzubefehlen: »Widerstand und Ergebung« (D. Bonhoeffer).

5. Der praktische Umgang mit Geschichte

Die Chance christlicher Orientierung und Motivation in der erfahrenen und zu gestaltenden Geschichte würde verfehlt, wenn man das Nachdenken über diese Rätsel der Geschichte ablösen würde von der *Praxis* des geschichtlichen Lebens. Alles Spekulative und Abstrakte ist hier vom Übel. Wir würden einen archimedischen, zentralperspektivischen Punkt einnehmen, vor aller wirklichen Geschichte, und würden diese als Ganzes von außen betrachten. Dieser Standpunkt ist aber die Ewigkeit Gottes, nicht der unsrige. Obwohl Gott seinerseits teilnimmt an der Zeit, die er uns Menschen lässt, stehen wir jedoch niemals außerhalb der Geschichte(n) und Zeit(en), über die wir sprechen und über die wir uns zu verständigen suchen.
Natürlich ist das Gespräch, die Auseinandersetzung auch mit glaubensfernen oder nichtchristlichen Theodizeen sinnvoll. Aber die christliche Voraussetzung für ein solches Gespräch ist, dass man nicht so tut, als stünde man außerhalb der Geschichte, ihres zeitlichen Verlaufs, ihrer Spannungen und Widersprüche, als be-

fände man sich etwa nicht erst auf dem Weg, nicht im mitgehenden Horizont von Erinnerung und Erwartung, sondern schon am Ziel, das alles klärt und zu verstehen erlaubt. Verleugnen wir unsere Situierung auf dem Weg, so werden unserem Gottesglauben zurecht Globalauskünfte und Patentlösungen abverlangt, die er nicht geben kann und nicht zu geben braucht. Wir können und brauchen nur unser *Leben mit Gott* auf dem Weg durch die Geschichte erklären und unser Vertrauen darauf, dass dieser Weg einschließlich seiner noch unaufgelösten Rätsel »uns zum Besten dient« (Röm 8,28).

Das praktisch orientierte Nachdenken über die unaufgelösten Rätsel der Geschichte muss daher bei sich selbst anfangen, bei der *eigenen Lebensgeschichte*. Über Gott und die Welt zu diskutieren, aber die eigene Geschichte zu überspielen und zu übersehen, dass man in ihr drin steckt und sie nur hypothetisch von außen betrachten kann, wäre fast lächerlich, wenn es nicht so ernst wäre. Auch Christen haben schon mitgeholfen, das Individuum auf der »Schlachtbank der Geschichte« (G. W .F. Hegel) zu opfern zugunsten des großen Ganzen, der »Menschheit«, des »Volkes« oder ähnlicher Idole…

Die lebens- und leidensgeschichtliche Selbstverständigung hat für einen Christen allerdings einen besonderen Platz im Leben: das *Gebet*. Im Reden des Herzens mit Gott haben die Fragen ihren Ort: Was tue ich? Was erleide ich? Woher komme ich? Wohin geht es mit mir? Solche Fragen werden im Gebet nicht etwa als schon erledigt hintangestellt, sie werden vielmehr *offengehalten* und nur konkret, dann aber immer neu beantwortet. Das Gebet hat daher stets auch die Form der *Klage* über den Gang der Dinge und der *Bitte* darum, dass man am nächsten Tag Widerstand und Ergebung richtig austarieren kann. Da ein christlicher Beter sich Gott gegenüber auf Jesus Christus beruft und sein Beten vom Heiligen Geist getragen, ja vertreten wird (Röm 8,26), darf er hoffen, dass auch ein Streit mit Gott irgendwann ausgehen wird wie bei Hiob (1,21; 42,2 ff).

Allerdings, die einzelne Lebensgeschichte ist durch viele, nie völlig abzuschneidende Fäden mit der *größeren Geschichte* verwoben. Auch diese Verflechtung, die für einen Christen ja die Teilhabe an

der Heilsgeschichte Gottes ist, gehört in ein Gebet. Und sie stellt uns damit ebenso vor praktische Aufgaben, zuerst eben die Aufgabe, die Spannungen zwischen der persönlichen und der größeren Geschichte wahrzunehmen und zu bewältigen.
Die Seele kommt angesichts der sich überschlagenden Ereignisse oft nicht mehr mit, oder sie wird von ihrem Erinnerungshorizont losgerissen und wird Opfer der gerade modischen Projekte oder der gerade hereinstürzenden Katastrophen. Angesichts der sich öffnenden Schere zwischen Lebenszeit und Weltzeit ist eine praktische Gestalt des Themas »Gott und die Rätsel der Geschichte«, gerade in aufgeregten Zeiten, das möglichst bewusste Innehalten und Wahrnehmen des Geschehens in seinen eigenen, auch eigenzeitlichen Umständen, daher auch die bewusste Kultur der Erinnerung der Vorgeschichte(n). Denn nicht weniger wichtig, wenn auch riskant, ist die christliche Aufgabe einer über die persönliche Erfahrung hinausgehenden, öffentlichen *Zeitansage*. Eine solche Ansage der bösen oder der guten Zeit, des »*Kairos*«, ist etwas spezifisch Christliches, ist eine Äußerung der Erfahrung der Führung durch Gott. Sie ist keine Faktenbehauptung, sondern eine Sinndeutung der gemeinsamen guten und schrecklichen, oft noch undeutlichen, unbegreiflichen oder strittigen Erfahrungen. Diese Deutung ist stets, wie gesagt, eine *prophetische*, anspruchsvoll aber fehlsam – und sie motiviert zum Handeln im Licht der selbst erfahrenen Liebe Gottes. Die prophetische und praktische Leidenschaft, die von der Geistesgegenwart Gottes in unserem Leben entzündet wird, ist in unseren Tagen notwendiger denn je.

Menschliche Zukunft aus Gottes Hand

Christliche Hoffnung in Dialog, Solidarität und Unterscheidung

DIETRICH WIEDERKEHR

Der Titel »tönt« ausgewogener und balancierter als es der tatsächliche Weg des Glaubens, der theologischen Glaubensreflexion und der christlichen und kirchlichen Glaubens- und Hoffnungspraxis ist. So balanciert wird das Ineinander von Gottes Hand und menschlicher Zukunft nicht ausgetragen, so gleichgewichtig wurden und werden der Dialog, die Solidarität und die Unterscheidung nicht gefunden. Dies alles trägt sich eher dramatisch zu, in Verzögerungen und Beschleunigungen, in Übergewichtungen und in Defiziten, in einseitiger Betonung und in einseitigen Blindheiten usw. Eher diesem dramatischen Verlauf folgt denn auch die Gliederung dieses Beitrags: wie beim Drama ist eine zurückblickende Exposition notwendig, sind Phasen der Klimax durchzustehen, und verbleibt die Bewegung auch jetzt in einer Perspektive des unabgeschlossenen Open-end:

1. Nachholbedarf und Beschleunigungen: von woher trat und tritt theologische Eschatologie in die gegenwärtige Zukunftsproblematik ein?
2. Zukunft als Handlungs- und Lernprozess: wo, mit wem auf welche Weise ist hier und jetzt christliche Hoffnung zu leben, zu denken und zu feiern?
3. Unterscheidung: woher und woraufhin und wie lebt christliche Hoffnung – aus welchen Ursprüngen und auf welche Horizonte hin?

Der Ort (2) ist ohne sein Woher (1) nicht richtig zu verstehen und zu beziehen. Die Unterscheidung ist nicht anderswo zu bezeugen als innerhalb von Solidarität und Dialog (3).

1. Nachholbedarf und Beschleunigungen

Wenn jetzt zurückerinnert wird, geschieht dies nicht mit dem verpönten Anfang bei »Adam und Eva«, sondern im Blick und in der Bewegung auf unseren eigenen jetzigen Ort hin, als christlich Hoffende in Solidarität mit den Zukunftsängsten und -hoffnungen unserer Welt und Gesellschaft: Um aber diesen unsern Ort richtig zu verstehen und zu beziehen, ist es notwendig zu erinnern, woher, von wo aus und in welcher Bewegung christlicher Glaube und christliche Hoffnung, aber auch christliche Theologie und kirchliches Zeugnis auf diesen Ort zugegangen sind.

a) Die Gegenwart als theologisches Niemandsland

Der Hauptschauplatz christlicher Hoffnung ist unsere jetzige Welt und ihre gegenwärtige Geschichte und die darein verflochtene Existenz des einzelnen und unserer Gesellschaft: dieser Schauplatz war lange Zeit so etwas wie ein *theologisches Niemandsland*: allerdings mehr für die Theologie als für die gelebte Glaubensexistenz und Spiritualität. Die Schwerpunkte der theologischen Themen und Traktate lagen anderswo: »hinter uns« in der gewiss unverzichtbaren Memoria und in den Mysteria von Leben und Tod (und der Resurrectio Christi), im Paramysterium von Tod und Auferweckung Christi und in der Ausgießung des Geistes. Davon handelten Christologie und Soteriologie, einmal in glücklicher Einheit, ein andermal in unglücklicher Trennung des *Erlösers* von der *Erlösung*. Nur in einem kleinen fast unsichtbaren »Rinnsal«, in der Gnadenlehre, erreichte dieses Geschehen die individuelle Gegenwart des Menschen und die Gemeinschaft der Kirche. Zu einer eigentlichen Migration, zu einer heimisch werdenden Einwanderung und Ortsbestimmung wurden die Koordinaten der gegenwärtigen Welt und Geschichte damit noch nicht, oder: nicht mehr. Auf Christologie und Soteriologie wurde eher körperlich sichtbar zurückgeblickt wie auf ferne zurückliegende Ursprünge – immerhin noch dies, aber doch war dies zuwenig: zuwenig für die Frage und die Aufgabe, wie hier und jetzt in den vielfältigen Verflechtungen des Menschen aus Unfreiheit *Freiheit*, aus Unheil *Heil*, aus Tod *Leben* würde.

Auf der anderen Seite handelte die *Eschatologie* zwar von einem Zukunftshorizont, der aber in die »letzten Dinge« zerfiel und zerbröselte: in Tod, Gericht, Himmel und Hölle. Es waren ein Horizont und eine Zukunftsregion, die nicht an diesem geschichtlichen Hier, sondern jenseits des individuellen Todes oder jenseits des universalen Weltendes begannen. Anders denn als Forderung, als Drohung oder als Verheißung ragte diese Zukunft kaum in die Gegenwart herein: Wie war hier und jetzt zu leben, um im Tod und im Gericht der Hölle zu entgehen und den Himmel zu gewinnen? Weitergehende Erhellung und Veränderung gingen von dieser Zukunftsperspektive kaum in die Gegenwart ein. Ja, es bewies zusätzlich die Dürftigkeit dieses Horizonts, dass auch die zentrale Wende des Heils, Jesus Christus, sich nicht so weit »herumgesprochen« und durchgesetzt hatte. Es war eine noch frühere Aufgabe und Arbeit, vom zentralen Christusgeheimnis her den Wetterwinkel der Eschatologie erst einmal christlich und heilshaft zu zentrieren, zu ordnen, zu reinigen und zu erhellen: *Aus dem mythologischen Weltende eine vom Antlitz Christi zentrierte und erlösende Weltvollendung zu gestalten.*
So lag der naheliegendste Bereich menschlichen und christlichen Lebens, die persönliche Nachfolge in der kirchlichen Glaubensgemeinschaft und in der tätigen Nächstenliebe, wie ausserhalb der Interessensphären des Glaubens und noch mehr der Theologie: Erlösung fand entweder vorher oder nachher, jenseits von eben dieser Geschichte und Gegenwart statt, war schon geschehen und vollbracht, oder war erst künftig zu vollbringen und zu vollenden. Gewiss fehlte es nicht an Propheten des christlichen Handelns, Denkens und Lehrens, die diesen eigenen gegenwärtigen Ort als »hic Rhodus hic salta« erkannten und da ihre Bewährung bestanden: Pioniere der Nächstenliebe, der Diakonie, des prophetisch-kritischen Zeugnisses, des sich weit hinauswagenden Dialogs mit den andern geistigen Bewegungen. Aber: sie fanden bei weitem nicht die Gefolgschaft, die sie verdient hatten, sie wurden oft eher im Regen stehen gelassen oder sogar dem kirchenoffiziellen Regen ausgesetzt.

b) Einholung aus Erlösung und Vollendung

Schließlich aber fanden sich gelebter Glaube und gelebte Hoffnung, gedachter, reflektierter und sprechender Glaube mit dieser Ausgrenzung und Auszonung nicht mehr ab, sondern entdeckten erschrocken und bussfertig die *Halbierung der Glaubenswelt.* Aber redlicherweise muss gestanden werden, dass dieses Auf- und Einholen nicht nur aus innerem geistlichem Antrieb und aus theologischer Einsicht erwuchs, sondern ebensosehr aus dem fremdprophetischen Vorwurf der Menschen an den Glauben, an die Kirche an die Theologie: Christliche Hoffnung habe sich in Jenseitsvertröstung und -vertagung den Konflikten und Unrechtsverhältnissen dieser Welt und dieser Gesellschaft entzogen und verweigert, habe duldend oder auch komplizenhaft (oder gar nutznießerisch) solche Unrechtsverhältnisse anstehen und bestehen lassen, habe eine Veränderung und Verbesserung erst an deren Rand und jenseits der Zeit- und Geschichtsgrenze in Aussicht gestellt. Erst nachdem andere nichtglaubende oder kirchenkritische und -feindliche Bewegungen hier und jetzt aktiv wurden, zogen Glaube und Theologie und Kirche nach. Diesen gutgemeinten Bemühungen ist das Nach-ziehen jedoch anzumerken: Im teils zögerlichen und halbherzigen Eingehen auf die sozialen Nöte der Menschen, in der konservativen und der konservierenden Schonung der verursachenden Strukturen und Besitzverhältnisse und noch mehr der Besitzer ebendieser Verhältnisse. Es ist den viel- und selbstgerühmten Etappen der kirchlichen Soziallehre und der Enzykliken anzusehen und anzuhören. Es gab und gibt aber auch das hastige und beschleunigte Nach-ziehen, das übereifrig das lange Versäumte nach- und aufzuholen, ja zu überholen strebt, das gut- und wettzumachen versucht, was bisher an Terrain und Gelände verloren gegangen und gegeben worden war. »Am Abend wird der Faule fleißig.« Rückblickend können wir bei aller Würdigung und Anerkennung der Spiritualität und der Theologie Teilhard de Chardins diese nachholende Hast und diesen (Über-)eifer nicht übersehen. Wenn plötzlich der Mensch als Seele *und* Leib, als Geist *und* Materie, als Existenz *und* als Kosmos, als Geschichte und als Evolution begriffen und umgriffen wurde, wenn die Dynamik der

Inkarnation und der Auferstehung rückwirkend bei der Schöpfung einsetzte, und vorauswirkend bereits in die Zielgerade Omega »einlief«. Anzuerkennen ist daran, dass diese Spiritualität – das war sie mehr und besser, bevor sie Theologie wurde – sich jedenfalls nicht mehr mit dem »Niemandsland der Welt, der Arbeit, der Technik und der menschlichen Gemeinschaft abfand, sondern zu ihr kongruent und in der Kongruenz auch transzendent werden wollte. Rückblickend und vor allem kritisch durchblickend nehmen wir wahr, dass die Kongruenz zwar flächendeckend, aber nicht ebenso tiefenschürfend und alle Hohl- und Dunkelräume erfüllend war, sondern vieles zudeckte oder übersah. Es war der Abend eines spät Fleißigen: nachholend, verspätet und dann auch verfrüht Feierabend läutend.

Die Einholarbeit auf diesem Gelände des geschichtlichen und gesellschaftlich gegenwärtigen Niemandlandes – das doch eigentlich ein Jedermannsland ist – verlangte mehrfache Nacharbeit und verbesserte Wiederholung: Christologie und Soteriologie einerseits (rückseits) und Eschatologie andererseits (vorderseits) waren noch anders, realitätsnäher, problem- und konfliktnäher zu vermitteln und auszuweiten, hatten noch andere Schritte zu Fuß zu tun als nur Höhenflüge zu denken. Diese Aufgabe meldeten an und griffen auf die Politische Theologie, die Befreiungstheologie Lateinamerikas, aber nicht nur diese, sondern noch mehr die unmittelbar betroffenen Menschen, die Unterdrückten, die sich befreien, die Ausgegrenzten, die dazugehören, die im Dunkeln, die ans Licht wollten. Das »Niemandsland« war und ist kein Vakuum, sondern es sind die vacui/ae die Menschen: Nicht leere Räume, Flächen und Zeiten, sondern leere, ent-leerte, leer-gehaltene und leer-gemachte Menschen, Arbeitende, Campesinos, SklavenInnen, Männer und – noch mehr – Frauen. Nicht wenige Theologen und Theologinnen gestehen freimütig, dass sie ihre theoretische Arbeit auf den Spuren dieser Menschen nach-denkend betreiben, dass ihre Handlungs*theorien* den Händen dieser Menschen entlang- und nachtasten. Ein Nach-denken, Nach-handeln, Nach-führen ist es allemal: es wird noch für lange Zeit diesen Theologien gegenwärtiger Erlösung und gegenwärtiger Hoffnung anzumerken sein: aber zu kritischer christlicher und geistlicher Unterscheidung sind nur ein Glaube und eine Hoffnung befugt, die sich erst einmal diesem Nach-*ziehen* anschließen, die auch selber solidarisch und dialogisch den gegenwärtigen geschichtlichen und gesellschaftlichen Ort und Raum beziehen als den Ort der Bewährung, der Beglaubigung und der »Rechenschaft von der Hoffnung die in uns ist«, die diesen Ort mitleidend, mithandelnd und mitdenkend teilt.

2. Zukunft als solidarischer Handlungs- und Lernprozess Soteriologie und Eschatologie »vor Ort«

Bei ihrer Ort-findung hatte die Theologie so etwas wie Wetterglück: In einer ersten Phase kam ihr im Dialog zwischen christlicher Hoffnung und gesellschaftlichen Utopien, in der praktischen Kooperation der Kirchen mit andern sozialen Bewegungen der Gesellschaft und des Staates das politische, ökonomische und soziale Klima zugute. Es legte ihr einen breiten Konsens wie einen Teppich unter die Füße, einen Konsens in den Wertvorstellungen für den einzelnen Menschen wie für die Wirkungsfelder und -zusammenhänge der Arbeit, der Gesundheit, der Bildung und der zwischen- und überstaatlichen Integration. Bei günstigem »Wetter«, verbunden mit positiven Tendenzen der wirtschaftlichen Entwicklung, war es einfach(er), theoretische und praktische Verständigung und Zusammenarbeit zu finden, als *nach* dem Klimawechsel: nach Globalisierung, nach Verschärfung von Markt und Wettbewerb, nach Umlagerung der Produktionsstandorte, nach Gefährdung der Sozialverträge zwischen den Generationen und den Regionen, nach der technologischen Rationalisierung und Weg-rationalisierung von Arbeit und Sozialleistungen usw.
Bei schwindenden Mitteln und unüberschaubaren und kaum kontrollier- und regulierbaren Abläufen und Vorgängen ist der Wertekonsens nicht mehr selbstverständlich ist ein theoretisches und praktisches Entgegenkommen erschwert, verhärten und verfeinden sich die Positionen.
Dadurch verlieren die bei »schönem Wetter« gefundenen Vermittlungen zwischen christlichem Erlösungsglauben und christlicher

Zukunftsverheißung einerseits und weltanschaulich anderweitig motivierten und orientierten Zukunftsvisionen und -strategien viel von ihrer Selbstverständlichkeit. Ja, sie geraten quer durch die weltanschaulichen oder politischen Begründungen gegenüber einer nach-sozialen, »knallharten« Marktwirtschaft gemeinsam in einen Erklärungs- und Handlungsnotstand. Dieses veränderte Klima ist als umgebender und durchdringender Raum der folgenden Konsensmodelle festzuhalten und zu vergegenwärtigen.

a) Solidarische Wahrnehmung

Heil und Hoffnung vor Ort, hier und jetzt, dies bedeutete und bedeutet für christliche Spiritualität, Theologie und christliches Handeln erst einmal *wahrzunehmen*, dass und wie Christen, wie alle Menschen, von und auf Zukunft hin leben. Zukunft ist vor allem heute der dominierende Vektor und Richtungspfeil menschlichen Lebens. Sodann besteht menschliches Leben in einer integralen Ganzheit von Geist, Seele und Leib. Auch hier war die Kritik an Spiritualisierung und Leibfeindlichkeit, an Unterschätzung der elementaren Lebensmöglichkeiten von Essen und Trinken und Gesundheit früher erwacht als die eigene Gewissenserforschung: bis schließlich aus den eigenen Quellen, aus Schöpfungsglaube und Inkarnation, aus der Handlungs- und Heilungspraxis Jesu noch dringlicher an diese Ganzheit erinnert und verwiesen wurde. Leibhaftigkeit erweiterte sich in die Einbettung des Menschen in die Natur, in den Kosmos und in die Materialität überhaupt. Wiederum war es bei »schönem Wetter« leichter, sich diesen Dimensionen zu öffnen und sie in die Zukunftsbewegung und in die eschatologische Hoffnung hereinzunehmen. Mit der ökologischen Krise und mit der Begrenztheit der Lebensressourcen von Luft, Wasser und Erde wechselte die Tonart: nicht allein der »Sonnengesang« des heiligen Franz von Assisi, auch nicht die »Hymnen an die Materie« des Teilhard de Chardin reichen aus, um auch die Verantwortung für diese Lebensbereiche auszuüben.
Noch eine andere Verkürzung war einzuholen: Christliche Spiritualität und Theologie richteten sich meistens an den Einzelnen und in ihm noch an seine Innerlichkeit. Gefährdung und Heil des Men-

schen in seiner Gegenwart und in seiner erhofften Zukunft binden ihn aber ein in Sozialbezüge und -verpflichtungen, noch mehr in gesellschaftliche Strukturen der Wirtschaft, des politischen Kräftespiels und der sozialen Solidarität: Strukturen, die nicht nur äusserlich an die private Innerlichkeit angestückt sind, sondern die präformierend bis in die innerste Mitte *ein*wirken, auf die aber umgekehrt auch verantwortlich *hinaus*zuwirken ist. Schließlich hat sich der Handlungsanteil zwischen der Verheißung und Vollendung durch Gott und der menschlichen Verantwortung nachdrücklich verlagert und verschoben. Mochte es dem frühzeitlichen Menschen kaum möglich sein, über seinen nahen Lebensbereich hinaus an der Zukunft mitzugestalten, sind dem neuzeitlichen Menschen viel größere Möglichkeiten und Verantwortlichkeiten aufgebürdet, denen er sich nicht entziehen kann, weder durch frommen Rückzug noch durch esoterische »Schleichwege« oder »Notausgänge« aus apokalyptischen Katastrophen. Die Verheißung und Vollendung aus Gottes Hand ist in menschliche Hände und Verantwortung gelegt: dass sie dabei nicht aus Gottes Händen fällt oder ausschließlich, überfordernd und überlastend, und einzig in menschlichen Händen liegt, wird als Unterscheidung noch anzumelden sein.
Meistens erst auf äußeren kritischen Anstoß hin haben Spiritualität und Theologie diese unverzichtbaren integralen Dimensionen menschlichen Lebens und menschlicher Zukunft als schon immer vorfindlich in den biblischen Zeugnissen, im Glauben an Schöpfung, Menschwerdung, Erlösung und Vollendung wieder-gefunden. Oft genug geschah die kritische Fremdprophetie früher als die theologische Selbstentdeckung.

b) Sympathische Solidarität

Soteriologie und Eschatologie haben vor Ort nicht nur mitdenkend und -wahrnehmend, handelnd und gestaltend anzutreten, sondern sind erst im solidarischen Mit-leiden glaubwürdig: »Mich erbarmt des Volkes«, des hungernden, unterdrückten, ausgegrenzten, vertriebenen Volkes. Hier sind in der veränderten »Wetterlage« die Orte und Erfahrungen des Leidens nähergerückt durch

Bilder und Nachrichten. Noch vor der kritischen Analyse der Gegenwart, ihrer Zukunftdynamik wie ihrer Zukunftsverhinderung, ist (sympathische) Solidarität gefordert mit den *Menschen*: mit jenen die an Handlungsmöglichkeiten noch gar nicht herankommen, die noch immer mehr Objekte als Subjekte sind. Bevor Soteriologie und Eschatologie Vor- und Erstverwirklichungen des LEBENS in Fülle realisieren, haben sie die Aus- und Nachwirkungen des TODES in allen möglichen »Metastasen« zu diagnostizieren: Unterdrückung, Rechtlosigkeit, Ausbeutung, Verweigerung der Menschenrechte und ihre »Vorausschattungen« in allen Gestalten der Angst.
Die theologische Unterscheidung darf nicht ungeduldig sein. Gewiss gilt es, in diesen vielfältigen innergeschichtlichen und menschlichen Erfahrungen und Hoffnungen die grundlegende Beziehung zwischen dem verheißenden Gott und dem hoffenden Menschen sichtbar zu machen, zu halten und zu leben. Dieser kritische Vorbehalt ist aber nur dann nicht zynisch, wenn er zuerst innerhalb und nach einer glaubwürdigen Solidarität die Wahrnehmung und des Mitleidens und Mithandelns erfolgt. Sicher ist die »Basileia theou« dies alles und noch mehr … aber dieses »mehr« darf nicht isoliert vorangestellt werden, sondern ist aus den vielfältigen Inkarnationen und aus den innergeschichtlichen Gestalten der Hoffnung heraus zu eröffnen, nicht isoliert und des-inkarniert vom großen »Leben in Fülle«.

c) Kooperative Solidarität

Die Grenzziehung zwischen innergeschichtlicher und geschichtsüberbietender Zukunft und Hoffnung ist durchlässig geworden, von beiden Seiten und in beiden Richtungen. Maßgeblich zu dieser durchlässigen Unterscheidung hat sicher das Realsymbol »Reich Gottes« beigetragen. Wenn und weil in Jesus diese Basileia nicht nur verbal proklamiert, sondern beginnend realisiert wird, lässt sich diese Antizipation auch für das christliche Handeln nicht mehr strikt zukünftig und ausständig halten. Wenn innerhalb des gnädigen und befreienden Kommens und Handelns Gottes auch ein neues Leben und Handeln des glaubenden und sich bekehrenden Menschen ermöglicht und gefordert, gefordert und ermöglicht wird, kann auch nicht mehr von einem ausschließlich Gott vorbehaltenen herrschaftlichen Handeln gesprochen werden. Mag die Initiative und die Erfüllung der Basileio sich auch kritisch und transzendierend von innergeschichtlichen Heilsanfängen und -anstrengungen abheben und unterscheiden, kann doch eine radikale Unterscheidung, eine »andere« Zukunft nicht mehr von innergeschichtlichen und innergesellschaftlichen Realisierungen von Freiheit, Leben, Gerechtigkeit abgehoben werden.

Hier steht die christliche Soteriologie und Eschatologie in ihrer dialogischen und kooperativen Solidarität vor einer enormen praktisch-hermeneutischen Aufgabe der Vermittlung. Die Symbole von Heil, Erlösung und Vollendung (Gastmahl, Auferweckung, ewiges Leben, Freiheit der Kinder Gottes, Neuschaffung der Welt usw.) können nicht unübersetzt ins Getriebe und Räderwerk des menschlichen und politischen Handelns eingesetzt werden, sondern bedürfen der vermittelnden und mittelbaren kommunikablen und kooperationstauglichen Begriffe und Zielsetzungen: dies in beiden Richtungen. Welche zwischenmenschlichen und gesellschaftlichen Realisierungen kann ein Symbol wie Reich Gottes freisetzen? Und umgekehrt: worin liegt die theologische Dimension einer auf den ersten Blick innerweltlichen, sozialethischen Aufgabe? Reich Gottes verbleibt nicht in einer a-politischen und geschichtstranszendenten Immunität, sondern will sich geschichtsimmanent »konkretisieren«. Umgekehrt: auch innergeschichtliche »Vorgänge« wie Nahrung, Gesundheit, Arbeit, gerechter Lohn, soziale Sicherheit usw. sind nicht profane und weltliche Ziele. Weil sie zur Ganzheit des *menschlichen* Heils, zur »Fülle des Lebens« gehören, eignet ihnen eine implizite soteriologische und eschatologische Qualität.

Dieser hermeneutischen Aufgabe einer theoretischen wie praktischen Vermittlung haben sich in Deutschland und in andern Ländern die kirchlichen Stellungnahmen der letzten Jahre besonders gewidmet, so das »Soziale Wort« der Deutschen Bischofskonferenz und der Evangelischen Kirche Deutschlands. Als kleines Pendant erlaube ich mir, die »Ökumenische Konsultation« vorzustellen, die die Landeskirchen der Schweiz als Diskussionsgrundlage für die

Gemeinden vorgelegt haben, als Ausgangspunkt für ein ähnliches Abschlussdokument.
Besonders erwähnenswert scheint mir dabei die Kategorie der »Reich-Gottes-Verträglichkeit«: ein hermeneutischer Brückenschlag, der gerade eine biblizistisch-fundamentalistische Aktualisierung vermeiden und »transportable« Elemente eines Brückenbogens beisteuern will.
In diesem Kriterium meldet sich schon die kritische Unterscheidung an, welche christliche Soteriologie, Eschatologie und Sozialethik in den Dialog und in die Kooperation einbringen und durchhalten will. Sie ist aber nicht derart scheidend, dass sich die Kirchen und die Theologie damit aus dem Dialog und der Kooperation ausklinkten. Sondern das zeigt die Bereitschaft der christlichen Kirchen, das Heil aus dem österlichen Geheimnis und die Hoffnung aus der Basileia zu erhalten und anfanghaft zu realisieren, und dies im Wissen um die nicht einholbare Herkunft und die nicht machbare Zukunft.
Dazu noch eine dritte Überlegung:

3. Unterscheidung: Woraus und woraufhin lebt christliche Hoffnung?

Wir haben uns für diese Frage Zeit gelassen, und erwarten vielleicht ungeduldig ihre Beantwortung. Es galt erst die un-guten Unterscheidungen abzutragen, mit denen christliche Hoffnung in schlechter Unzeitgemäßheit hinter ihren eigenen Intentionen zurückblieb. Erst eine Hoffnung in solidarischer Wahrnehmung, in Sympathie und Kooperation kann sich auch auf ihr Proprium besinnen und dieses unterscheidend und kritisch in den Dialog und in die Solidarität einbringen.
Für diese christliche Identität erweisen sich die eingangs genannten Ausgangs»kerne« als hilfreich: von der Christologie, der Soteriologie und von der Eschatologie her brach die Theologie auf, um den Ort innergeschichtlicher und solidarischer Hoffnung zu beziehen. Jetzt, inmitten dieser Felder, erweisen sich diese Ausgangspunkte als orientierende und unterscheidende Leit- und Leucht-

türme, von denen aus sowohl die Theologie als auch die Christen sich ihres eigenen Ursprungs versichern und ihre eigene Zielsetzung im Auge behalten können.

a) Unterscheidung aus dem Ursprung

In der moraltheologischen Diskussion um das »proprium christianum« hat sich innerhalb der vielfältigen materialen und inhaltlichen Gemeinsamkeiten der motivierende Ursprung christlichen Handelns als ein Proprium herausgestellt, nicht anders auch für das gemeinsame Handeln auf Zukunft hin. Dabei wird aber dieser Ursprung nicht nur ein äußerlicher Fixpunkt bleiben, sondern ein *leitender* Ursprung werden. Ohne andere ethische Motivationen abzuwerten, geht vom Glauben an Gott, den Schöpfer, und von Jesu Basileiaverkündigung und -praxis, von seinem Tod und seiner Auferstehung, von der Ent-zündung des Geistes, bewegende und unterscheidende Energie aus.

Dafür gibt es einzelne kritische, aber auch inspirierende Impulse: Eine Hoffnung, die sich auf die gütige Schöpfermacht Gottes bezieht, wird keinen Bereich des Geschaffenen, der belebten oder unbelebten Natur geringachten. Sie wird vielmehr die Sorge für das Leben einbringen und es verteidigen gegen Zerstörungen und Ausbeutungen der Schöpfung. Weil Geschöpflichkeit aber auch endliche Zeitlichkeit bedeutet, wird eine von ihr her lebende Hoffnung auch diese Begrenztheit, Kontingenz und Endlichkeit nicht strapazieren und maßlos überdehnen oder verlängern. Sie wird auch die listige und sublime Unterwanderung der Endlichkeit nicht mitmachen. Als eine solche List erscheint mir die verbreitete westliche Version der Re-Inkarnationslehre, die sich durch eine infinite Verlängerung des Werdens und Wandelns der doch unvermeidlichen Tatsache der kreatürlichen zeitlichen Endlichkeit zu entziehen sucht, dabei aber das Gewicht, den Ernst und die Chance jetziger und einmaliger Lebenszeit nicht wahrnehmen will. Eine Hoffnung, die von Jesus, dem Herrn der angesagten und anbrechenden Basileia herkommt, wird die offen ausgetragenen »heimlichen« »Abschreibungen« von Menschengruppen und Lebenssituationen nicht mitmachen, sie wird vor allem den neuen

Darwinismus einer gnadenlosen Markt- und Wettbewerbswirtschaft nicht hinnehmen, sondern ihm auch sozialpolitisch und strukturell widerstehen. Am Anfang von Jesu Basileiapredigt und -praxis steht nicht umsonst die Aktualisierung des befreienden und heilenden Handelns des Gottesknechtes: *»Heute ist dieses Schriftwort vor euren Ohren in Erfüllung gegangen«* (Lk 4,21): zugunsten der Gefangenen und Entrechteten, der Zukurzgekommenen und der »unrentablen« Menschen jeglichen Alters. Christliche Hoffnung trägt vom Ursprung her die Signatur des Kreuzes und der Auferstehung. Hier gilt es, einer allzu rasch kapitulierenden »Kreuzes-hoffnung« die widerstehende und widerhandelnde Kreuzesmotivation entgegenzustellen. »Kreuz« darf nicht gleichsam auf Vorschuss und von vorneherein missverstanden und missbraucht werden als Verzicht auf legitime Rechte und Hoffnungen, als die duldende Hinnahme von verweigerten und vorenthaltenen Lebensmöglichkeiten. »Kreuz« ist vor allem und bleibend das Zeichen einer hartnäckigen und sich nicht abbringen-lassenden Entschlossenheit Jesu, das heilende und befreiende Werk Gottes auch gegen Widerspruch und gegen Widerstand aufrecht zu halten. Weil Jesus so sehr aktiv ist, unterzieht er sich der Passion. Statt daher »Kreuz« als vorauseilende Bereitschaft zum Leiden und Unterliegen zu missbrauchen, kann es vielmehr die Energie wecken, um im befreienden Handeln und in der solidarischen Unterstützung von Menschenrechten nicht freiwillig und vorzeitig zurückzustecken. An Situationen, wo solches Handeln dennoch an Grenzen stösst, dennoch erfolglos bleibt aber trotzdem dabei und hindurch noch Hoffnung trägt, an solch echter Kreuzeslast wird es nicht fehlen. Es sollte aber nicht voreilig kapituliert werden. Denn das Zeichen der Auferweckung stärkt die christliche Hoffnung nicht erst wenn sie einmal scheitert, sondern ebensosehr bevor es dazu kommt.

b) Unterscheidung aus der Zielsetzung

Diese Unterscheidung war noch dringlicher und prophetischer, solange der christlichen Hoffnung im utopischen Marxismus eine konkurrierende äquivalent-sein-wollende Alternative gegenüberstand mit ähnlich religiöser Faszination und ähnlicher Inpflichtnahme für das Ganze der Welt, des Menschen, und der Gesellschaft. Nicht nur die politische Wende und der Zusammenbruch des real existierenden Sozialismus, sondern auch die postmoderne Pluralität und Vielgestaltigkeit der Zukunftsentwürfe hat sich hinter diesen Horizont zurückgenommen. Ja, fast könnte man vom fehlenden Mut sprechen, überhaupt noch ganzheitliche und dennoch nicht totalitäre Zukunftsvisionen zu wagen oder von der Basileia theou als von der Erfüllung der Geschichte, der heilshaften Gegenwart Gottes »alles in allem« noch zu sprechen. Christliche Hoffnung steht mit dieser Vision nicht mehr einer konkurrierenden oder rivalisierenden gleichen Ganzheit gegenüber, sondern sieht sich unversehens mit der Vision von einer umfassenden Vollendung des einzelnen Menschen und aller Menschengeschichte allein.

Denn andere Zukunftsentwürfe trauen sich solche Visionen gar nicht mehr zu, geben sich vielmehr mit Teilzielen in Teilbereichen zufrieden. Dazu sieht sich christliche Hoffnung aber verpflichtet – nicht aus eigenem universalem Anspruch. Sondern weil sie Gott mit so weit ausgespannten Armen sich entgegenkommen sieht, ist es ihr verwehrt, mit einer verkürzten und zurückgenommenen Spannweite zu glauben und zu leben. Weil aber auch auf dieser Seite die Basileia zugleich die Prägung von Tod und Auferstehung, von der Auferweckung jeglichen Todes zum Leben trägt, geht von dieser Vollendung her auch unterscheidende Kraft auf die gegenwärtige Geschichte und die näherliegende Zukunft aus und geht ihr wie ein Leuchten voraus. Auch kleine innergeschichtliche »Vollendungen« partizipieren an diesem »bonum universale« das aber ein universaler Bonus Gottes ist: von ihm her werden solche Zielinhalte nicht nur relativiert, sondern auch geschützt und verbürgt. Vor der Basileia eines weltschöpferischen und weltvollendenden Gottes fallen diese vorläufigen Zielsetzungen und Teilhoffnungen nicht in Bedeutungslosigkeit und Beliebigkeit zurück. Die Nagelprobe hat die Basileia als Auferweckung der Toten aber für alle »Tode« und für alle Toten: für die schmerzlich abgebrochenen Lebensläufe, für die verlöschenden und verdämmernden personalen Lebensgeschichten alter und behinderter Menschen, für die Opfer von Gewalt und Unrecht, für die Unterdrückten und die Abgetriebenen, für die Unterlegenen in den Kämpfen und Rechtsstreitigkeiten, für die Opfer mit ihrer geopferten Würde gegenüber den Tätern. Die Chiffre »Weltgericht« bedeutet über alle Entmythologisierung hinaus die Vorläufigkeit und die Revision der meisten billigen Urteile der Geschichte, der Verurteilungen wie der Freisprüche und Amnestien.

Von dieser Zukunftserwartung ist auch jedem Menschen der ihm zugesprochene und zugerufene Name verbürgt. Jesus hat im Streitgespräch über die Levirats-ehe für seine eigene Hoffnung und für die Hoffnung der Menschen dieses Beziehungsverhältnis nicht als abstrakte Transzendenzbeziehung eröffnet. »Der Gott Abrahams, Isaaks und Jakobs ist nicht ein Gott von Toten sondern von Lebenden – ihm leben alle« (Lk 20, 27–38). In diese Beziehung reiht sich Jesus ein, in sie darf sich auch jeder mit seinem Namen einreihen und sich anschließen. In dieser Gottesbeziehung ist dann aber auch gegenseitig unter den Menschen mit ihrem je eigenen Namen eine Beziehung gestiftet und durchgehalten, der gleiches Leben verheissen und zugesagt ist.

So wird sich das Festhalten an einer »transzendierenden Hoffnung« nicht einfach auf eine lehrmäßige Behauptung fixieren, sondern dieser Horizont erhellt alles, was davor liegt und was daraufhin sich bewegt und bewegt wird. Er ist mit »Jenseits« unzureichend und irreführend bezeichnet, weil der Gott der Basileia sich gerade nicht jenseits einer Zukunftslinie eingrenzen und fernhalten lässt, sondern vielfältig belebend und erweckend uns in unserer Geschichte und Welt entgegenkommt, weil er die Jenseitsgrenze von sich her auf uns zu überschreitet. Dadurch wird aber auch jede innerweltliche Zukunft geöffnet und offen gehalten. Sie bleibt ihrerseits nicht als statisches Dies-sein in sich ruhen, sondern wird in einer bereits hier beginnenden transzendierenden Dynamik aufgebrochen. Reich Gottes ist nicht ein neu auftauchender Kontinent, sondern wirkt wie ein magnetischer Pol auf alle innergeschichtlichen und zwischenmenschlichen Beziehungen und Bewegungen, ein Pol, der alle einzelnen Kompassnadeln anzieht. Eine solche geschenkte und ermächtigende Freiheit vermag aufzubrechen, was menschliche Geschichte in sich selber zu vollenden und zu genügen meint. Sie öffnet für alles, was der einzelne Mensch und was die menschliche Gemeinschaft noch werden kann und will, nämlich: *einmal mehr werden als sie je sind.* Alle gehen dem Namen noch entgegen, der ihnen von Gott her schon zugerufen ist. Basileia, oder das »Pneuma«, der Geist, als dessen anziehende und hinführende Energie, hält diese Unruhe in Gang und verhindert ihre vorzeitige Stilllegung und ihren selbstgenügsamen Abbruch. »*Noch ist nicht offenbar, was und wer wir sein werden*« (1 Joh 3,2).

Schluss

Christliche Hoffnung, als Spiritualität, als Theologie, als Praxis, und als Weg der Kirche muss sich ihren Ort immer neu suchen und ihn finden. »Vor Ort« ist sie erst dann und nur solange, als sie mit den Menschen auf ihre Zukunft hin unterwegs ist, »mit ihren Freuden und Ängsten« (Vat. II, Gaudium et Spes, Anfang). Wir haben darum vom festen Boden des Christus- und Erlösungsglaubens, von der Christo-Soteriologie aus aufbrechen müssen, um den Rückstand zur Geschichte und zur Gesellschaft einzuholen. Wir haben auch rückwärts, geschichtseinwärts und gegenwartseinwärts eine fernzukünftige Eschatologie näher bringen müssen dem Heute und Morgen des ganzen Menschen, unserer Schöpfung und unserem gesellschaftlichen Miteinander. Zwischendurch mochte sich die Befürchtung einstellen, dass eine solche Einlassung in Solidarität auf diesen gemeinsamen Ort und ohne Unterscheidung ängstlich auf Identität bedacht sein müsste. Die Wahrung und Bewährung eigener Identität bleibt auch hier gestellt als eine Verpflichtung zum eigenen Ursprung und zur eigenen Zielsetzung, aber auch als Verpflichtung gegenüber den Menschen und dem menschlichen Geheimnis »Zukunft« überhaupt. Der Ursprung aus dem österlichen Geheimnis hält Wachstum des Lebens, immer neuen Atem und neues Handeln aufrecht; die Verheissung und der Anbruch der Basileia, der Auferweckung der Toten, hält den Horizont auch da offen, wo er sich in genügsamer Endlichkeit oder in sündiger und ohnmächtiger Müdigkeit verschließen möchte, wo er von andern gewaltsam und ausgrenzend zugedeckt wird oder auch wie eine Eisdecke zufriert. Der Gott der Basileia, der seinen Sohn Jesus nicht im Tod gelassen hat, will auch die Menschen und die Welt nicht im Todesreich verkommen lassen, sondern ruft sie »von vorne her« zum Leben, erweckt aber auch durch seinen Geist in ihnen die Sehnsucht und die Kraft zum Leben.

»Menschliche Zukunft aus Gottes Hand« – nicht so, dass sie Seiner Hand entfällt, sondern in Seiner Hand bewahrt bleibt.